EL LOTO TRAS EL MURO

José Rubio Sánchez
José Miguel Cuesta Puertes

Editorial Dagón

El Loto tras el Muro
José Rubio Sánchez & José Miguel Cuesta Puertes

Línea Editorial Hiperbórea
Colección Autores y Novelas Esotéricas

Finalista XII Premio «Edebé» modalidad Juvenil, 2003

Publicado por Editorial Edebé en 2005

1ª Edición en Editorial Dagón: 2025
Impreso en España por: Editorial Dagón
https://www.editorialdagon.es
Editor, portada y maqueta de esta edición:
editor@editorialdagon.es

Imagen portada: creada por el Golden Cat, también conocido como *Orogato*, utilizando inteligencia artificial
Imagen contraportada: escarabajo egipcio estilizado

ISBN: 9788412509618
Depósito Legal: V-2126-2025

Impreso en España

Dedicatorias

Dedico esta novela a mi hijo Héctor. Nació como un cuento, uno entre cientos (no exagero), contado antes de dormir, mientras nos envolvía la magia telúrica y ancestral de la noche, y revivíamos la milenaria costumbre que engarza a un padre con su hijo, y viceversa. Luego creció hasta convertirse en un texto literario mucho más largo y complejo, cobrando vida propia, hasta el punto de escapárseme de las manos. Como mi hijo está haciendo ahora mismo, día a día, mes a mes, creciendo y configurando su propia personalidad.

José Rubio Sánchez

Dedico este libro a todos los ausentes. A mis padres, hermanos y amigos, pero sobre todo a Isabel y a mis dos hijos, Carolina y Alejandro.

Dicen que donde hay un monstruo hay un milagro, y que donde nace un sueño, existe la magia.

José Miguel Cuesta Puertes

POEMA DEL LOTO

Recibid al dios,
que aparece en el corazón de las aguas,
el que ha surgido de vuestro cuerpo,
el gran Loto del estanque;
aquel que inauguró la Luz,
en el primer momento.

Vosotros veis su luz,
respiráis su perfume,
llega hasta vosotros su fragancia.
Vuestro hijo adquiere forma de infante,
él ilumina los Dos Países
con la belleza de sus ojos.

Os ofrezco el Loto
del Pantano Primordial,
el Ojo de Ra sobre las aguas,
el que contiene la suma de los antepasados,
el que creó a los dioses anteriores,
y dio existencia
a todo lo que puebla el país.

Al abrir sus dos ojos,
ilumina todas las tierras
y separa el día de la noche.
Los dioses han surgido de su boca
y los hombres de sus ojos;
todo ha nacido de él,
de ese niño que brilla en el Loto
y cuyo resplandor constituye
la existencia de todos los seres.

Recogido en Chassinat, E., *Le mammusi d' Edfú. Mémoires publiés per les membres de Institut français d' Árcheologie orientale,* 16, V,
El Cairo, 1910-1939

PRÓLOGO

LA PRUEBA DEL LOTO

¡Todo me pertenece, pues me ha sido dado! Entré en el Occidente como un halcón y salgo como el ave Fénix. ¡Estrella de la mañana, ábreme el camino de modo que pueda entrar de nuevo en el Hermoso Occidente y ver el lago de Horus! ¡Ábreme el camino para que pueda adorar a Osiris, el señor de la Vida!

Libro de los Muertos

Tebas, la *Ciudad de las Cien Puertas*, la morada de Amón. El halcón planea sobre los puntiagudos obeliscos, que lanzan destellos metálicos desde el Piramidión de *eléctrum* al sol rojo en la caída de la tarde, en la montaña occidental, y cruza entre los estandartes de los pilonos, dirigiéndose a la parte sur del templo de Karnak, sobrevolando los sólidos techos, las dependencias administrativas, las reservas de grano, los jardines y el Lago Sagrado. Al fin clava sus garras en la rama de un árbol cercano, plegando las alas y deteniéndose a contemplar, una vez más, cómo un monje de la cofradía de Tebas se enfrenta a la misma prueba de siempre. No es un halcón cualquiera, es Horus, Ra-Harakthys contemplando a su pupilo.

El maestro está en el borde del lago, sentado con los pies cruzados, mientras dos nubios de tez morena lo alivian del so-

focante calor con abanicos de largos flecos, fabricados con plumas de pavo real. Al tiempo que se pasa la mano por la afeitada cabeza, lee un papiro extendido sobre su túnica de lino blanco. A su lado, de un recipiente de pasta de cerámica verde, se eleva una voluta de humo producida por la mirra al quemarse. Parece ausente, como si no tuviera importancia lo que le ocurra a su discípulo, como si fuese más trascendente el texto que lee, que el desenlace de la prueba.

Pero el joven que se encuentra al borde del Lago Sagrado no piensa lo mismo. Sabe que no hay prisa, que tiene todo el tiempo del mundo, que nadie le recriminará por fracasar una o mil veces; pero ya no se trata de las expectativas de los demás, se trata de su propia lucha interior, pues solo al recordar lo que debe hacer, siente miedo.

Lleva meses intentándolo y hasta ahora su esfuerzo ha resultado infructuoso. En una ocasión, incluso, casi se ahogó. Pero debe seguir adelante. No le instruirán más en los Misterios si no supera la persistente prueba. Y no vale pedir ayuda a los dioses, porque, como le han enseñado, los dioses no ayudan en estas ocasiones, y menos su maestro. Bonachón, sí. Sabio, sí. Inteligente, sí. Esas y muchas otras virtudes, pero inflexible.

El joven Men-Ka, desnudo a excepción de un taparrabos, se sitúa al borde del agua, donde se inicia la escalera de piedra que se sumerge en el Lago Sagrado, y coloca en el primer escalón el pie derecho. Está caliente. Mete el pie izquierdo y se detiene. Contempla cómo los escalones se distorsionan bajo el agua removida por las ocas y patos. Después continúa bajando al tiempo que los cuenta mentalmente. Poco tarda en llegar al punto en el que su cabeza va a quedar sumergida, en el escalón quince; nota el dulce sabor del agua en sus labios. En ese instante inspira con todas sus fuerzas, atesorando en

sus pulmones la mayor cantidad de aire posible. Un requisito fundamental si quiere concluir con éxito el nuevo intento.

Desciende los peldaños que faltan para llegar al fondo, y entonces camina con dificultad a través del agua turbia, hasta que alcanza la pared que tiene enfrente. Es un recinto herméticamente cerrado. De nuevo está ante el impertérrito muro, que lo desafía con su resistencia, con su dureza, con su densidad, que se ríe de él mientras cambia de color a causa de los escasos y distorsionados rayos solares.

Men-Ka sabe que aquí comienza realmente la prueba. Debe conseguir lo que hasta ahora no ha podido, debe pasar al otro lado del muro, atravesar su densa masa y llegar a la estancia interior, donde descansa una flor de loto sobre una columna de pórfido. Debe cogerla y volver a cruzar el muro con ella, para depositarla a los pies de su maestro. Tarea imposible si no se domina el arte de volverse intangible y atravesar la materia.

Lleva meses enfrentándose al muro, conteniendo la respiración, repitiendo los ejercicios y las frases mentales que deberían ayudarle en su prueba, pero no lo consigue. Una y otra vez el tiempo expira, los pulmones llegan al borde de su resistencia, y tiene que subir de nuevo a la superficie. Hoy es la vigésima vez que lo intenta, y ya está agotado.

Al salir a la superficie, mira a su maestro, pero este aparenta no prestarle atención.

Entonces, lleno de rabia, vuelve a inflar sus pulmones y se sumerge, colocándose delante del muro. Se concentra, repite las frases rituales y construye en su mente las formas intangibles que le permitirán atravesar la materia muerta, la que sus maestros definen como un gran vacío a través de cuyos espacios puede pasar el *ka* del hombre; pero de nuevo, lamenta-

blemente, cuando su mano llega al muro solo consigue chocar contra él y hacerse daño.

Men-Ka tiene que salir a la superficie. Derrotado, enfadado consigo mismo, sube los pocos peldaños que le separan de su maestro y se arrodilla ante él. Después de unos minutos, este levanta la vista.

–Bueno, es otro intento, Men-Ka, ya queda menos. Hay quien ha tardado años. Tú solamente llevas tres meses, no es tan grave. Anda, ya es de noche, retírate con tus hermanos y recuerda practicar los ejercicios, son esenciales para vencer esta prueba.

–Lo siento, maestro, pero no consigo atravesar el muro.

–Sé que no lo admitirás, pero te falta fe, nada más. Todavía no crees que puedes atravesar una pared, y si no estás completamente seguro no podrás hacerlo. Fe, ese es el secreto. Sin ella no podrás adquirir el *heka*, el poder mágico que permite gobernar a los seres vivos y a todos los *Aj*, los seres luminosos.

Men-Ka no dice nada. Se yergue y, cabizbajo, se retira a su celda.

I

REUNIÓN DE ESPÍAS

> La ira del Señor se abatió sobre nosotros; y de repente, de las regiones del Oriente una oscura raza de invasores se puso en marcha contra nuestro país, segura de la victoria. Habiendo derrotado a los regidores del país, quemaron despiadadamente nuestras ciudades. Finalmente eligieron como rey a uno de ellos, de nombre Salitis. Situó su capital en Menphis, exigiendo tributos al Alto y Bajo Egipto...
>
> *Contra Apionem,* Flavio Josefo

Tebas, en la Orilla Occidental, a los pies de los Colosos Maamón y Memmón.

Dos hombres esperan a los pies de las gigantescas estatuas, tan altas como cinco hombres uno encima de otro. Las estatuas, sentadas en la posición ritual, con las manos sobre las rodillas y la espalda recta, miran fijamente a Oriente. Esperan en eterna vigilia la salida del disco solar, Amón-Ra, en el Horizonte, en la montaña oriental.

–¿Por qué hemos quedado aquí, Emheb? –preguntó el más joven sin dejar de contemplar los hieráticos rostros de los colosos–. ¿Por qué no en Palacio? No somos perros ni hombres impuros.

–Calma, inquieto Uadjkre, no es por nuestra condición de espías que el Rey desea vernos lejos de la corte. Es más simple, las cosas son siempre más simples. Sabemos que Salitis también tiene espías por todo Egipto. Yo mismo le propuse al rey Kamose este encuentro furtivo; conviene que los movimientos de Tebas para la liberación de Egipto sean sigilosos, como los de la serpiente.

–Bien, de acuerdo, lo comprendo. Pero ¿por qué aquí? Tengo la sensación de que estos colosos van a levantarse en cualquier momento y aplastarme con sus titánicos pies.

–Entonces tendré una bonita alfombra de Uadjkre –bromeó Emheb haciendo resonar su franca carcajada en la noche.

–Calla –cortó el muchacho enfadado–, me parece haber oído algo.

–Será Memmón que de nuevo vuelve a hablar.

–¿Sigues bromeando a mi costa? ¿Es que esta estatua puede hablar?

–Bueno, no tanto. Solo sé que los antiguos viajaban hasta aquí para escuchar la música que salía de sus labios, creo que en Primavera. Los viejos dicen que era una melodía muy hermosa.

–A mí me dan miedo.

–Eso es porque los ves de noche, a la luz de la luna, y ya se sabe que, por la noche, y más en esta zona de Tebas tan cercana a los enterramientos, abundan los espíritus deseosos de ocupar cuerpos jóvenes...

Y se rió de nuevo.

–Te contaré una historia –continuó–, un relato que refieren los viejos y que yo mismo no creería, si no fuese mi padre uno de los que lo vio. Dicen que hace cerca de cien años, al inicio de la Primavera, el Gran Sacerdote de los ritos del templo

de Amón, Mereruka, el mismo que aún se pasea por esta tierra como si solamente tuviese unos cincuenta años, llegaba antes de la salida del Sol a los pies de los colosos, y entonces, cuando el primer rayo iluminaba tiñendo de rosa las montañas Orientales, levantaba su bastón sagrado y pronunciaba unas misteriosas palabras mágicas, dirigiéndose a los colosos. Y si he de creer a mi padre, que Anubis se llevó hace ya muchas lunas, y que se jactaba de no haber pronunciado nunca ninguna falsedad, estas enormes moles de granito se levantaban de sus tronos de piedra, saludaban con una inclinación al dios Sol, y se volvían a sentar ante los ojos atónitos del pueblo, congregado para presenciar el milagro.

El joven miraba con escepticismo a Emheb.

–¡Bah!, no me lo creo. Los viejos hablan mucho del poder de los magos, de las casas de la vida, y de las maravillas de otros tiempos, pero yo, hoy, aquí, contemplo Tebas, Egipto, y solo veo miseria. Dime, ¿quién construyó estas estatuas? Seguramente un mago loco de ambición, que pensaba más en los dioses o en su propia honra que en el pueblo.

–No lo sé, muchacho, creo que están aquí desde siempre, de antes, incluso, de que los pueblos rojos de Occidente, nuestros antepasados, llegaran a esta tierra deshabitada. Pero... ¿qué sé yo? Hay quien dice que son reyes atlantes, petrificados por el hechizo de un mago. Pero yo soy un viejo ignorante. Ni creo ni dejo de creer, el mundo está lleno de más misterios de los que ni tú ni yo comprenderemos nunca –y mientras decía esto se tocaba su amuleto con forma de llave de la vida colgado al cuello–. Pero... alto, he oído unos pasos.

Los dos soldados se apretaron contra la base del coloso Mammón, intentando fundirse con su sombra, escudriñando los alrededores. Por el lado del río vieron aparecer al faraón,

caminando con precaución. En verdad era un hombre valiente, y venir solo era muy arriesgado; se merecía la fidelidad y respeto que le profesaban los otros nobles egipcios.

Cuando llegó hasta ellos tuvo que pedirles que se levantaran, pues clavaron su rodilla derecha en tierra en señal de respeto.

–¿Qué hay de nuevo, Emheb? ¿Qué noticias me traes?

–Señor, malas si no pésimas.

–Cuéntame. Mi corazón lleva mucho tiempo embargado por la desazón y creo que nada puede hacerle ya más daño.

–Pues ahí van. El rey Salitis se ha decidido a atacar Tebas. Hemos interceptado un correo en el que pide ayuda al príncipe de Kush; le promete que se repartirá con él los nomos de Egipto.

–¡Ah, maldito hicso[1] mentiroso! Hasta ayer sus emisarios proclamaban paz y prosperidad entre nuestras dos razas, y reconocían el derecho de Tebas y el Egipto Medio a la libertad. Incluso acepté que su hija Herit se casase con uno de mis nobles, pero ahora sé que es una espía.

–Como lo es la princesa Tany. ¿No la preparasteis, mi Señor, para matar a Salitis? Tarea difícil, pues está muy bien protegido.

–Lo sé, y estoy harto de estas tácticas subversivas. Hemos de entrar en acción antes de que sea demasiado tarde. Salitis dice que se conforma con el Delta y el Bajo Egipto, pero yo no lo creo.

–Y hacéis bien, señor, porque todo es falso. Sus ejércitos están congregándose al sur de Menphis, la Blanca, la antigua

1. Hicso es el pueblo que invadió Egipto sobre el 1650 a.C. (Segundo Periodo Intermedio de la Historia Egipcia). Ocuparon la región del Delta, fortificándose en la ciudad de Avaris. Luego pretendieron conquistar el resto del Imperio.

capital del imperio, y no tardarán en cruzar el límite entre el Bajo y el Medio Egipto; quizás en estos momentos ya hayan tomado Hermópolis. Miles de mercenarios, tan sanguinarios y sacrílegos como ellos, han sido reclutados en tierras cananeas. Es cuestión de tiempo que caigan sobre nosotros como una plaga de langostas.

–Entonces... –dijo Kamose, el faraón tebano.

–Entonces debe, si me permite el consejo, mi señor, prepararse para la batalla, aunque tengamos pocas posibilidades de ganar la guerra.

–¿Por qué, buen Emheb? ¿Tan poca fe tienes en tus hombres, tú, que eres general de mis ejércitos?

–Señor... –rompió su mutismo el joven; pero calló a una señal de su general.

–Señor –continuó Emheb–, mis hombres son bravos guerreros, pero no podrán hacer nada contra los carros de guerra de los hicsos, y sus espadas de hierro. Es más, ellos están curtidos en cientos de recientes batallas, y su raza cruel exterioriza los peores y más bajos instintos, lo que los convierte en feroces y crueles amenazas.

–¿Y nuestros soldados?

–Perdonad, mi Rey –atajó Uadjkre, que no podía contenerse más–, nuestros guerreros son blandos y poco disciplinados, campesinos reclutados en las levas para hacer la guerra, de la que desconocen hasta las técnicas más básicas.

–Calla, Uadjkre, te lo ordeno.

–No, deja que hable –ordenó Kamose–, veo fuego en sus ojos. Deseo saber qué piensa.

El general Emheb bajó la cabeza.

–Señor, nuestros soldados son débiles y fofos, como un perro casero mal criado. ¿Y qué esperabais? Durante cientos de

años Egipto ha vivido de espaldas al mundo, obrando para los dioses, para la religión. Y ahora, cuando necesitamos ser defendidos, ¿quién lo hará? ¿Esos monjes que se pasan el día entre inciensos y perfumes, rezando y cantando plegarias? Yo creo que no, mi rey. Egipto está sufriendo su falta de juicio: mucho pensar en los valles del Amenti, en el Egipto celeste, y poco en el Egipto terrestre.

El general miraba con la cara desencajada a su pupilo. Conocía sus inquietudes, su forma de pensar, y en la intimidad le permitía expresarse sin tapujos, pero ante el faraón, eso era un atrevimiento fuera de todo lugar; estaba aterrado. Pero Kamose lo calmó.

–Tranquilo, fiel Emheb, es joven y habla precipitadamente, con el corazón más que con la cabeza y, aunque sus argumentos están cargados de verdad, él no conoce las razones de mis antepasados para erigir un imperio como jamás hubo otro en la tierra, un imperio donde la piedad ha de estar siempre por encima de la violencia. De todos modos, sí tiene razón en que Egipto no ha sido consciente de las amenazas de los bárbaros que viven más allá de nuestras fronteras, aunque parte de la culpa estriba en haber perdido muchos de los secretos de magia heredados de los Grandes Magos, ellos supieron crear una frontera invisible, superior a la física.

Uadjkre miraba al rey respirando forzadamente debido a la emoción, y se erguía orgulloso. Hablaba con pasión, creía en lo que decía y, una vez desfogado, calló esperando la decisión del rey.

–Por cierto, hablando de magos, Emheb, ¿has traído lo que te pedí?

–Sí, señor, la lista de los mandos del ejército Hicso. Están todos. La princesa Tany nos ayudó a confeccionarla.

Al nombrar a la princesa Tany, los ojos de Uadjkre lanzaron dos fugaces destellos.

El general sacó de entre las ropas un rollo de pergamino y se lo entregó.

Kamose lo cogió sin mirar su contenido.

–Se lo daré a nuestros monjes –al decir esto miró a Uadjkre esbozando una sonrisa–, a ver si pueden usar su magia para disuadir a los invasores. Al parecer existen conjuros que permiten influir en las personas a distancia; tal vez consigan algo. Según dicen, cuando más bruto es un hombre, más fácil es controlarlo. Veremos qué pueden hacer. Pero he de deciros algo, la guerra está próxima, sí, pero será una guerra en todos los niveles, en ella lucharán hombres y dioses, todo Egipto, el terrestre y –miró de nuevo al joven soldado–, y también el celeste. De todos modos, antes de tomar decisión tan importante, he de consultar al Durmiente. Descansad esta noche, porque quizás en los próximos días no podáis hacerlo.

Dicho esto, el faraón Kamose, el señor de Tebas, el hijo de Horus en la tierra, se marchó envuelto de nuevo en las sombras nocturnas, dejando a los dos espías reflexionando e inquietos.

Emheb miró a Uadjkre con porte circunspecto, pero contuvo su ira. Luego, de pronto, se echó a reír.

–Vaya, Uadjkre, tienes coraje. No te detiene ni el mismo Hijo de los Dioses. Ojalá seas así de fogoso y decidido en la batalla.

El joven dudó un momento, y después rió también. En la oscura noche, bajo la luz de la luna, el ojo de Isis, los dos soldados se desahogaron olvidando por unos momentos el incierto futuro. Por encima de ellos, los ojos escrutadores de los colosos de Memmón y Maamón, el Amanecer y el Ocaso, parecían

dejar de mirar el horizonte y fijarse en aquellos mortales que reían sin miedo a la adversidad.

II

EL LAGO SAGRADO

> Detrás de la capilla... está la tumba de Uno, cuyo nombre considero impío divulgar... En el recinto hay grandes obeliscos, y cerca hay un lago rodeado de un muro de piedra en forma de círculo... En este lago ejecutan por la noche aquellas aventuras personales que los egipcios llaman Misterios; sin embargo, sobre estos asuntos, aunque conozco perfectamente sus detalles, tengo que guardar un discreto silencio.
>
> Heródoto

Men-Ka se dirigió a las afueras del templo, al Lago Sagrado, el espejo de Nut, el océano primordial. Sus aguas representaban el *ka* vivo del gran templo, eran las aguas refrescantes donde los sacerdotes se purificaban; pero para él simbolizaba un obstáculo en su desarrollo interior.

Estaba decidido a vencer el muro de pesadilla que se interponía entre él y su meta. Ya había pasado pruebas terribles en distintas cámaras secretas del templo de Amón, en Karnak, y no podía permitir que esta fuera la que le clavara en el sendero.

«Cada prueba vencida es un peldaño más alcanzado en la escalera de oro de la Sabiduría», le decía su maestro. En verdad, pensaba Men-Ka y creía en ello, al vencer una prueba exterior estaba venciendo una limitación interior. Al aniquilar

una debilidad se tornaba más libre, porque rompía una cadena, subyugaba una traba, batía una dificultad, un defecto, un límite, y acaso, recordaba, ¿no hemos venido al mundo a vencer nuestros límites?

Cuántas veces su maestro le había dicho: «No hemos venido al mundo a conquistar lo espiritual, porque espíritus somos, encarnados en efímeros cuerpos de barro. Si estamos encarnados es porque debemos someter la materia y los lazos de ilusión con que nos envuelve». «Esa es la gran verdad. El mundo es una gran ilusión y solo nos libraremos de sus cadenas cuando lo comprendamos con claridad».

«El mundo es una gran Ilusión», se repetía Men-Ka mientras cruzaba el breve espacio que le separaba del Lago Sagrado. Y vencer la ilusión es el primer peldaño de la magia. Pero para vencer la ilusión, concluyó mentalmente, hay que tener fe en la existencia de otra realidad. «Ese es mi problema, ya me lo ha dicho mi maestro, no tengo suficiente fe», afirmó el discípulo.

Imbuido en sus pensamientos llegó al borde de la piscina cuadrangular, rodeado de la fría noche tebana.

En la superficie de las tranquilas aguas flotaban pequeñas bolas de luz fosforescente, colocadas para que nadie cayese sin darse cuenta, al tiempo que eran imagen de las estrellas que flotan en el vasto universo. Pero la luz no penetraba en la oscura profundidad, y su negrura le hizo plantearse si venir de noche había sido una buena idea.

Se quitó el manto de lino que lo cubría y se dispuso a adentrarse en las tranquilas aguas. Metió el pie derecho apoyándolo en el primer escalón, resistiendo el frío. Luego el izquierdo, y fue introduciéndose, con pequeños espasmos, hasta que su cuerpo se acostumbró a las gélidas aguas.

Siguió bajando hasta quedar totalmente sumergido. Entonces hizo acopio de todo su valor, tanto como oxígeno cabía en sus pulmones, y descendió, ahora con más rapidez y decisión, hasta que quedó delante del muro, la pared oriental de la estructura cuadrangular construida dentro del Lago Sagrado, sin ninguna puerta, sin ninguna abertura. En su interior, como una perla en la ostra, se encontraba el Loto Blanco, símbolo del discípulo, del hombre que nace en el lodo y crece atravesando las turbias aguas de la vida, hasta salir al exterior para ser bendecido por la luz del sol del espíritu, el vivificante Ra.

Su mente pasaba de forma vertiginosa de una idea a otra, con premeditación, para animarse en su sagrada tarea.

Miró la profundidad del oscuro lago, y de refilón las lamparitas destellando en la superficie. Entonces se centró y cerró los ojos, dibujó unas figuras geométricas en su imaginación y recitó mentalmente una oración dedicada a la tríada egipcia: Osiris, Isis y Horus. Su conciencia se aglutinó en el corazón y en el plexo solar, y forjó una imagen de sí mismo, que lentamente se separó de su cuerpo. Era su *Ka*, libre de la densidad y pesadez del *Khat*, su cuerpo físico. Así atravesó el muro, como un fantasma, mientras hacía un tremendo esfuerzo de concentración para controlar que su cuerpo físico no se ahogara.

Por fin estaba en el interior de la sala cuadrangular, por fin tenía ante sí el Loto Blanco.

El lugar era austero, sencillo. Las paredes de granito rojo se presentaban desnudas, perfectamente pulidas y ensambladas en bloques de varias toneladas. Aquello tenía la majestad de las primeras construcciones imperiales, las que dirigieron los ingenieros atlantes en la joven tierra de Kem. Pequeña vista desde el exterior, la estructura se abría hacia el interior de la tierra con una profundidad inimaginable. En el centro, elevándose

desde el abismo, una columna de pórfido se erguía ante él, y en su centro, una pequeña fuente, de la que caían cristalinos ríos de agua, mostraba un hermoso loto, esplendorosamente abierto, lozano, irradiando destellos dorados, chispas de luz que manifestaban su poder vivificador.

El tiempo parecía haberse parado o lentificado en extremo. Notaba su cuerpo físico, conteniendo la respiración, y sabía que no debía forzarlo demasiado, o moriría en el intento. Por lo demás, ahora estaba solo, si fallaba, ni su maestro ni los otros discípulos podrían ayudarlo.

Se dirigió hacia el loto, flotando sobre la *cámara del caos*, otro de los nombres de aquel lugar misterioso, en cuyas profundidades reposaba, según las leyendas, el cuerpo momificado de Osiris. De su corazón brotaba aquel Loto maravilloso.

Lo cogió con sus dedos fantasmales y en su lugar creció inmediatamente otro. Era increíble ver el doble luminoso de la planta flotar en el aire, llenando con su luz la estancia. Notaba como si parte de su calor llegase hasta su corazón, vivificando su forma astral, alimentando su mente, produciendo en su interior un renacer, como si él fuese Osiris, volviendo a la vida. Entonces dio media vuelta y se dispuso a volver a su cuerpo, completando la prueba.

Se colocó ante el muro, metió su mano izquierda y el resto del cuerpo, hasta la altura de la mano derecha, y ahí se detuvo un momento. Miró su forma humana, que estaba fuera del recinto, en trance, con las constantes vitales al mínimo, congelado por la fría agua del estanque. Luego miró el Loto en su mano, e intentó sacarlo del recinto hermético. Pero, cuando las hojas del Loto chocaron contra la pared, este se soltó y la mano cruzó sola el muro, dejando caer la flor maravillosa en el Abismo del Caos.

«¡Maldición!», se dijo, otra vez había fracasado. Estaba cerca, pero no lo suficiente.

Lleno de rabia poseyó de nuevo su forma mortal y, despertando del letargo, subió apresuradamente hasta la superficie. Allí respiró con dificultad, tosiendo como si los pulmones fueran a romperse.

Sí, otra vez había fracasado.

Entonces caminó por los escalones y se sentó al borde del lago.

Contemplando los árboles que lo rodeaban, y las columnas con escarabajos, símbolos de resurrección, colocadas en las cuatro esquinas, meditó intentando descubrir dónde se había equivocado.

Las palabras de su maestro resonaban en su mente.

III

EN UNA OSCURA CRIPTA YACE EL DURMIENTE

> No dejéis que ningún extraño conozca el contenido de este capítulo, porque es un gran misterio, y aquellos que habitan en la ignorancia no lo conocen. No debes de hacer esto en presencia de una persona que no sea tu padre, o tu hijo, o tú mismo; porque un misterio tan grande no debe ser conocido por cualquier hombre.
>
> *Libro de los Muertos*

La noche se presentaba larga y agotadora. Hacía un par de horas que el faraón Kamose se había entrevistado con los espías a su servicio, el general Emheb y el soldado Uadjkre, en la orilla occidental de Tebas, y de nuevo volvía a cruzar el Nilo para visitar la necrópolis del Valle de los Reyes, pero esta vez con Mereruka, el mago supremo del templo de Amón en Karnak, que era como decir el mago supremo de Egipto, de la tierra de Kem.

No los acompañaba ninguna escolta. El remero se quedó en la barca real con la orden estricta de esperarlos, tardasen lo que tardasen, y a este no le desagradó la idea, mejor para él si no entraba en el recinto de los muertos.

Sin embargo, el espectáculo que se abría ante rey y mago no era nada tenebroso. El Valle de los Reyes, como se llamaba la orilla occidental de Tebas, el lugar sagrado donde la elite tebana era enterrada, no era un terreno sombrío ni melancólico. Por las pequeñas colinas se elevaban bosques de coníferas, cuyos árboles dejaban cimbrear sus ramas por un viento del norte que soplaba fresco y agradable, y que mostraba a su paso pequeños jardines esplendorosos con pequeñas cascadas de aguas cantarinas, que humedecían el ambiente volviéndolo entrañablemente agradable. Aquello era un jardín, un lugar paradisíaco donde los cuerpos de los reyes reposaban, y las almas venían de visita de vez en cuando.

A un lado y otro de la calzada principal se abrían las entradas a los distintos mausoleos, y en las puertas de madera que daban acceso a sus sagrados recintos, reposaban ramilletes de flores, jarrones bellamente decorados que portaban rosas y tulipanes, margaritas y azucenas. A pesar de la oscuridad se adivinaban los colores y se olían los perfumes; era la muestra de amor de los parientes que visitaban periódicamente el último lugar de reposo de sus amados esposos, madres, hijos.

De pronto vieron surgir de la oscuridad una figura musculosa acompañada de una pantera negra, sujeta con un arnés como si fuera un perro. Era el guardián del Valle, que custodiaba las sagradas tumbas para que ningún ladrón se atreviera a profanar sus contenidos. Al ver a Kamose, pese a vestir discretamente sin los atributos reales, el hombre lo reconoció y se tiró de rodillas delante de él. Sin mediar palabra, el príncipe tebano le tocó el hombro para que se levantara y colocó el dedo en los labios en señal de silencio. El guardián continuó su ronda, y rey y mago su paseo nocturno.

–¿Dónde me llevas, Mereruka? ¿Qué lugar misterioso escondéis los sacerdotes en este sagrado lugar?

–Ya lo sabéis, mi rey, vamos a ver al Anciano, Aquel que duerme desde antes de que existiera Egipto. Pero, decidme, ¿os habéis purificado?

–He seguido tus indicaciones. Me he bañado en el Lago Sagrado y luego yo mismo me he rociado el cuerpo de nueve aceites, perfumado y aplicado ungüentos verdes y negros. Llevo tres días sin probar alimentos impuros y una semana sin visitar a la reina. ¿Qué más quieres? Mis ropas son de lino puro, confeccionadas por las tejedoras de la corte siguiendo los ritos, llevo la banda blanca, la verde, la roja y la idemi, y también los collares Usej y Bebe. Además, traigo todo lo que me pediste.

–Excelente, mi rey, mejor que nadie sabéis lo importantes que son los ritos para hacer magia.

–Mi vida entera es un rito, sacerdote, y lo tengo asumido. Muchos ambicionan el poder y el esplendor fastuoso que proyecta la realeza. Si supieran el precio de ese poder. No hay nadie más esclavo en Egipto que yo, el hijo de Horus, pues si no cumplo lo prescrito desde la última eternidad, el dios no se manifiesta.

–Así es y así debe ser, y recemos porque los sucesores de su majestad sean juiciosos y se adapten al protocolo real, ya que, si no, ¿qué será de Egipto?

Con estas disertaciones llegaron, distraídamente, a la puerta de una tumba. Estaba como abandonada, sin pinturas, sin usapthis[2], sin flores, como si ningún pariente del muerto per-

2. Figurillas de distintos tamaños, generalmente pequeñas, que representan un ser momificado, y que los egipcios consideraban que trabajarían para el alma en la Otra Vida.

petuase el culto a los antepasados, como si su vejez fuese más grande que las montañas.

El pasillo que se internaba en las profundidades de la tierra se encontraba protegido por una ancha puerta de dos hojas, deteriorada y sin cerradura alguna. Sin embargo, cuando el monarca quiso abrirla no pudo, como si estuviese bloqueada por un encantamiento.

–Dejadme, mi Señor. Esta tumba es la más sagrada de toda la necrópolis, y sus misterios están mejor custodiados.

El monje se colocó delante de las hojas de madera y, levantando su bastón de millares de años, lo golpeó contra ellas al tiempo que recitaba unas palabras de poder. Un silencio viscoso los envolvió y una ráfaga de viento cruzó por encima de sus cabezas. Entonces, milagrosamente, las dos hojas de madera se abrieron solas sin que ningún ser visible las moviera.

El rey no se inmutó, estaba acostumbrado a ver prodigios más maravillosos e increíbles, como cuando Mereruka separó las aguas en el lago del jardín del palacio, tan solo para coger el colgante que se le había caído a la princesa. Así que, sin decir palabra, entró en la rampa de las almas, seguido por el sumo sacerdote de Amón.

El pasadizo estaba oscuro, pero Mereruka encendió una lámpara de aceite situada en la entrada, y con su pobre luz caminó internándose en las profundidades.

Las paredes aparecían decoradas majestuosamente. Las escenas del *Libro de la Oculta Morada* se sucedían con un colorido asombroso, para la antigüedad que el rey le suponía.

–No parece que esta tumba sea tan arcaica, el brillante colorido de las paredes, su frescor... Yo no le echaría más de doscientos años.

–Tenéis razón, hijo de Horus, esta tumba es muy reciente, su antigüedad es de trescientos años, pero fue necesario construirla para proteger lo que hay debajo de ella.

–¡Ah, clero de Amón! –dijo Kamose–, vosotros y vuestros arcanos enigmas. Jugáis con el tiempo como un niño haciendo dibujos en la arena.

–No hay misterios en esto, majestad. En el pasado Egipto era más piadoso, y nadie hubiera osado entrar en las tumbas reales ni en los santuarios sagrados. Hace decenios que las bandas de ladrones intentan robar lo que no les pertenece, produciendo más daño del que ellos creen. Solo buscan oro, joyas, tesoros, y no distinguen unas tumbas de otras, las de los nobles, de las de los sacerdotes o reyes. Insensatos como son, no saben que algunas tumbas no son tales, y al saquearlas esparcen por el mundo males terribles. Os aseguro, mi rey, que en los límites entre el mundo visible e invisible hay secretos que ni los más altos magos se atreven a descubrir. La magia es ciencia, pero en malas manos es peor que la más terrible de las armas.

En ese momento llegaron a los pies de un sarcófago rectangular de granito, cerrado con una tapa que, por sus dimensiones y material, debía pesar unas dos toneladas.

–¿Es este el lugar, mago?

–No, solo es la entrada.

–¿¡Cómo!? ¿Por dónde?

–Hemos de abrir la tapa del sarcófago.

–¿Ahí está la entrada?

–Sí, pero no os preocupéis, yo la abriré. En este lugar no sirven los músculos ni los ingenios mecánicos, únicamente el poder de la magia.

El sacerdote se colocó en la parte delantera del sarcófago y, repitiendo una letanía que evocaba un lejano pasado, golpeó

con su bastón en la dura piedra, al tiempo que volvía a pronunciar palabras de poder semejantes a las de la entrada, frases rituales en donde se invocaba a los objetos por su verdadero nombre, y ante las que estos debían obedecer.

Entonces la losa se movió, primero imperceptiblemente, con un tímido vibrar, y después cayó a un lado con un estruendo ensordecedor que se extendió por los pasillos de la tumba como el griterío de un grupo de endemoniados. Pese al impacto y, pese al estrépito, el rey se permitió sonreír.

–Vaya, sí que eres sigiloso, mi buen mago.

–No os preocupéis, alteza, este lugar está preparado para que no salga ni entre sonido alguno; pero tenéis razón –sonrió–, deberíamos encontrar un método más apropiado.

Rey y mago se apostaron en el hueco del sarcófago y contemplaron el inicio de una escalera que se adentraba en las profundidades.

–Permitidme ir delante, señor, yo os iluminaré el camino y espantaré con mi magia los espíritus que custodian los recintos. A mí no me harán daño, pero vos, ni siendo el legítimo dueño de Egipto, podréis escapar a sus hechizos. No observéis las sombras, pues desde ellas nos observan, y ver sus ojos es alcanzar el infierno en vida.

Consternado, el faraón Kamose siguió al sacerdote por la inclinada escalera, poniendo mucho cuidado de no mirar directamente a la negrura que les rodeaba. Se sentía como un niño siguiendo a su padre en la oscuridad y, por un instante, descubrió que eso era el mago para él, un padre, el sustituto de alguien a quien no llegó a conocer.

–Majestad –le increpó de pronto el mago, como si hubiese escuchado sus pensamientos–, intentad no pensar, pues

«ellos» leen la mente y juegan con los deseos ocultos de los hombres. Seguidme sin más, ved solo dónde ponéis los pies.

La escalera bajaba durante un largo trayecto y de pronto se detenía en una encrucijada de pasadizos que se abrían en todas direcciones. Ninguna estatua, ninguna inscripción, únicamente pesados bloques monolíticos como los de las pirámides, gigantescos, perfectamente pulidos y milimétricamente ajustados.

Caminaron kilómetros por aquellos subterráneos que se extendían debajo de las arenas del desierto, hasta que por fin llegaron al lugar donde descansaba el Durmiente.

La estancia se abría hacia lo alto, creando una bóveda semejante a una cueva inmensa, en la que nada destacaba, excepto el techo pintado de azul con estrellas Sirio y un sarcófago situado en un altar central, elevado un metro por encima de sus cabezas.

–Silencio –exclamó rápidamente el sacerdote–, no alteréis al Anciano. Yace aquí desde hace milenios, y solo se le consulta en caso de extrema necesidad, como es ahora el nuestro. Él lo ve todo, lo oye todo, porque su alma se encuentra aprisionada entre dos mundos. Convive con los inmortales, pero está atado a los hombres por un voto de amor. Es difícil de entender, lo sé, pero no es necesario que comprendáis qué es para que lo utilicéis. Ahora es el momento de cumplir el Ritual del Sueño, pues solo dejando salir vuestro *Ka* podréis escuchar su mensaje; él descenderá de las Altas Esferas donde se encuentra, y vos debéis elevaros.

Kamose obedeció, sabía qué debía hacer. Cogió una lámpara nueva y la llenó de aceite aromatizado, luego colocó en su interior una mecha de tela fina y la encendió, situándola al

lado de una pequeña mesa de ofrendas dispuesta a los pies del Durmiente.

Entonces sacó de una bolsa de cuero distintos utensilios y, con mucha calma, midiendo cada movimiento, casi cada respiración y pensamiento, fue desarrollando el Rito de la Invocación del Sueño. Primero colocó un incensario donde puso a quemar mirra y *kyphi*, y a su lado un vaso de abertura ancha fabricado con crisolita, donde mezcló ungüentos de lirio con canela. A continuación, cogió un papiro limpio de la bolsa y lo desplegó, alcanzó una pluma de ave y, mojando la punta en el recipiente de crisólita, fue escribiendo delicadamente los signos hieráticos, a la vez que pronunciaba en su mente las palabras mágicas y la pregunta que lanzaba al ancestro.

Después se situó en la posición del escarabajo y pronunció por siete veces la frase ritual:

> Sachmu... epaëma... Ligotereënch...
> El Aeon, el Atronador,
> Tú, Aquel que te has tragado a la serpiente y has llegado hasta la luna;
> que pones en órbita al sol en esta temporada.
> No sé tu nombre, pero requiero, oh, señor de los dioses,
> Seth, Osiris, Ra, dame la información que deseo.
> Yo soy el hijo de Amón en la Tierra, soy Horus;
> ven a mí, tú que te encuentras bajo la tierra,
> y eleva hasta mí tu gran espíritu.

Kamose terminó de decir las frases de poder. Como colofón, extrajo un pequeño frasco de calcedonia y, quitándole el tapón, se bebió su contenido. Entonces una profunda somnolencia le embargó, quedándose dormido de inmediato.

El mago se acercó hasta él y lo ubicó en la posición ceremonial, con los pies juntos y los brazos cruzados sobre el pecho, tal como Isis colocó a su amado Osiris en el pantano de los papiros. Comprobó la cadencia de su respiración y se apartó. Él mismo se colocó en una posición de poder y apagó la lámpara de aceite. No podía acompañar a su rey. El viaje debía hacerlo solo.

* * *

Oscuridad y luces centelleantes a su alrededor, tan rápidas como un parpadeo. Esa fue la primera visión del faraón en su mundo onírico.

Terror. Incluso raptos de pánico apaciguados a duras penas por la creencia inconsistente de estar en un mundo tejido con los sueños.

Miró hacia su cuerpo y no estaba, ni sus manos, ni sus pies. Era pura conciencia, puro pensamiento, ¿flotando?, en un universo vacío e irreal.

No había nada que tomar como referencia, nada que ver, nada que oír. ¿Es que el mundo del Durmiente era un mundo vacío, sin reflejos de existencia?

Creía estar ingrávido en el interior de una caverna inmensa de la que no veía las paredes. Creía estar en algún lugar más allá del espacio y del tiempo.

«No debo tener miedo, he sido iniciado en los misterios, y conozco los mundos que hay más allá de la oculta morada. Mi *Ka* ha volado lejos de mi cuerpo en otras ocasiones, pero, ahora, es todo tan distinto», se decía a sí mismo.

Oyó entonces un sonido que parecía el fluir del agua en el Nilo, suave como cuando pasa zigzagueando cerca de Menphis y atronador como en las cataratas nubias. Pero ¿era una voz o

era su imaginación construyendo fantasías? ¿Estaba realmente levitando en un lugar desconocido o solo dormía un sueño con ensueños?

«No debo pensar, mi mente ha de ser como un cristal traslúcido. «Sólo he de ‹sentir›, ‹observar›, porque el Antiguo no puede comunicarse conmigo de otra manera», recordó cómo le aleccionaba Mereruka.

Kamose concentró su Yo Inmutable, y consiguió dejarse llevar por la experiencia, como cuando dejas que la lluvia te empape y ya no corres para protegerte. Sí, se dejó llevar, y le pareció que un viento desconocido soplaba sobre su cuerpo inexistente, llevando su conciencia por el infinito.

«Siento. Observo, porque el Antiguo no puede comunicarse conmigo de otra manera», repetía en su mente.

Al fin, en el mundo de oscuridad en el que estaba sumido, le pareció ver cómo se dibujaba un cielo estrellado, y a lo lejos, un horizonte desconocido se tiñó de rosa y luego de rojo. Miró hacia allí expectante, pero cuando creyó que iba a aparecer el disco solar, Amón-Ra, resplandeciente como cuando amanece en la montaña oriental, vio en su lugar una flor de loto en capullo, cerrada. Entonces el loto brilló, desplegó sus hojas llenas de vida, y de dentro surgió el ave Ben-Ben, el Fénix envuelto en llamas, gritando de forma ensordecedora.

Después luz, luz, luz, y el despertar.

Kamose se incorporó con dificultad, sudoroso, con los músculos entumecidos, recordando vivamente la imagen del loto en el horizonte, grabado a fuego en su mente, y la vida detenida a causa del desgarrador grito del Fénix.

A su lado, el mago también se incorporaba.

–Dime, mi rey, ¿qué habéis soñado? Recordad que mi misión y ciencia es interpretar los sueños, soy el *Jery-Hebet*.

–Me he sentido al borde del abismo, Mereruka, nunca mi alma estuvo tan cerca de la aniquilación, del vacío, de la nada. Pero al fin he visto algo, un Loto, un Loto a medio crecer en el horizonte, sustituyendo al Sol, y del que después ha surgido el ave Ben-Ben. Luego la luz lo ha llenado todo y he despertado.

El mago, como Jery-Hebet, Interpretador de Sueños, se concentró, intentó visualizar en su imaginación el sueño del faraón, incluso extrayendo imágenes de su confusa mente, hasta que vislumbró una respuesta.

–Mi Señor. El Loto es el símbolo del hombre que, incluso naciendo en el barro de la ignorancia, crece y alcanza al sol de la inteligencia. Que lo veáis a medio crecer significa –si no me engañan los signos–, que un hombre joven, alguien que todavía no sabe el potencial que tiene en su interior, es quien podrá salvar al pueblo de Egipto. Permitirá, cuando tome conciencia de su poder, que Egipto renazca de sus cenizas, como lo hizo el «Pájaro de Fuego Mágico» cuando ardió sobre el Montículo Primigenio de la Creación. Intuyo, mi rey, que debéis dejar el mando de la próxima campaña en un joven; quizá, si mi percepción es acertada, del primer joven con quien os crucéis en Tebas.

–¡Qué! ¿Poner el destino de la tierra de Kem en manos de un joven, de un desconocido? ¿Qué broma es esta? ¿Se ríen los dioses de nosotros?

Al decir esto pareció como que las sombras se retorcían y crecían, como si el Durmiente se ofendiese por las precipitadas palabras del monarca.

–Calma, Señor del Alto y Bajo Egipto, si así os queréis llamar en el futuro, como lo hicieron vuestros antepasados. Los dioses mueven los hilos del destino de manera misteriosa.

–¿Los dioses o los sacerdotes?

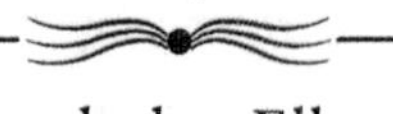

–Los dioses, sin lugar a dudas. Ellos ven más allá de dónde alcanza nuestro pobre entendimiento y saben en qué tipo de flor se convertirá una semilla, por muy oculta que esté de nuestra vista. No seré yo quien os obligue a hacer nada, y tal vez esté confundido en mi interpretación, pero sabed dos cosas, una, que el Durmiente nunca miente, y dos, que Egipto vive momentos desesperados y necesita decisiones desesperadas. Hacedme caso, dad un voto de confianza a los dioses.

El faraón Kamose se quedó pensativo durante un largo espacio de tiempo, meditó las diferentes opciones que tenía y, al final, aceptó.

–Que así sea. ¿Cómo no voy a dar un voto de confianza a los dioses? Pero no me malinterpretes, por si acaso, toma esta lista de mandos hicsos. Sé que vuestra Cofradía sabrá qué hacer con ella, y no sintáis pudor por usar los hechizos más terribles de los que conozcáis de los libros de Thot.

El monje sonrió fugazmente y cogió los papiros.

–Que así sea, mi rey.

Después volvieron al Valle de los Reyes, y de ahí a Tebas.

IV

EL ENCUENTRO

No respondas a un hombre cuando está irritado;
Aléjate de él.
Habla suavemente a quien te ha hablado con ira,
Porque las palabras suaves son una medicina
Para su corazón.

Las Máximas de Ani

En Tebas, en el Lago Sagrado, un joven estaba sentado al borde del agua, refrescando sus pies y lanzando maldiciones a las ocas que se atrevían a pasar cerca.

Un agridulce sentimiento embargaba su alma. Había conseguido atravesar el muro, lo que era un gran logro, y eso le llenaba de satisfacción, pero no había podido desmaterializar el loto; tan cerca y tan lejos.

Mientras repasaba todos los detalles, para ver en dónde se había equivocado, una sombra sigilosa se apostó detrás de él, dispuesta a abalanzarse en cualquier momento. La luna se escondió tras una nube y, en ese instante, el desconocido empujó a Men-Ka al agua, al tiempo que se reía a carcajadas.

–Vaya monje, vaya mago, ni siquiera te has dado cuenta de que estaba detrás de ti. Siempre te pillo por sorpresa.

El joven, que había reconocido la voz, nadó hasta el borde de la piscina intentando coger el pie del bromista.

–¡Oh, no!, no lo conseguirás –y se apartó.

–Menos bromas, Uadjkre, ya estaba seco. Ahora pasaré frío.

–¿No te enseñaron a dominar las inclemencias del tiempo en tu escuela de magia?

–¿Y tú qué sabes?

Men-Ka llegó a la escalera de piedra y salió del agua, cogió un trozo de tela para secarse y, entonces, pillando por sorpresa a su visitante, le dio un fuerte y mojado abrazo.

–Qué, ¿te gusta el agua fría, hermano?

–¡Qué remedio!

–Pero dime –preguntó mientras lo soltaba y se secaba–, ¿qué haces aquí? ¿No te habían encomendado una misión secreta?

–Chis, calla –le puso la mano en la boca mientras se reía–, que algún hicso puede estar escuchando.

–Los hicsos están bien lejos, en el Delta, no creo que suban hasta aquí para atacarnos.

El rostro de Uadjkre se cubrió de melancolía.

–¡Ah!, qué bien vives, hermano. No puedo darte detalles, solo te diré que se está preparando una guerra. Pero claro, tú vives muy feliz aquí, aislado del mundo tras estos muros.

–No empieces. Ya hemos hablado mucho de estos temas. Olvida por un momento tus quejas contra los sacerdotes y dime cómo estás, te veo más delgado.

Los dos jóvenes se pusieron a caminar por el jardín real, iluminados por la luz de la luna.

–Estoy bien, Men-Ka, sólo un poco cansado. Emheb y yo hemos llegado a última hora de la tarde, pero antes de entrar en Tebas debíamos transmitir un mensaje al faraón Kamose en un lugar secreto. Como te decía, se avecina una guerra. Nadie puede evitarla. Las tropas hicsas avanzan por el desierto

occidental y navegan por el Nilo, dispuestas a terminar lo que empezaron: la conquista de Egipto.

–Pero el faraón lo tendrá previsto, por eso os envió a espiar, y por eso ha tenido reuniones con los príncipes de los nomos libres; todos lo aclaman como el nuevo unificador de Egipto, el nuevo Menes.

–Ojalá sea cierto, pero creo que confía demasiado en la Cofradía de Amón y en su magia, y temo que le falle el sentido común, como a nuestro padre.

–No empieces, nuestro padre...

Uadjkre se detuvo y miró a su hermano a los ojos mientras le cogía el brazo.

–Nuestro padre murió.

–No es cierto –contestó Men-Ka–, entró al servicio de Amón y...

–Y nunca más lo vimos. A ti te colocó como discípulo de Mereruka, y a mí... a mí me vendió al ejército.

Men-Ka quitó la mano de Uadjkre de su brazo.

–El odio altera tus recuerdos. Yo quise seguir los pasos de padre y, como tú te negaste, el general Emheb te adoptó.

–Sí, es cierto, el general es más padre para mí que lo que nunca fue el nuestro.

–No te atormentes, deberías aceptar las cosas, la vida, creas o no en los dioses, es un lugar de aprendizaje.

–Ya sabes que no puedo creer.

–Sí, lo sé, pero no pierdo la esperanza.

–Tú vives tranquilo aquí en Tebas, al servicio de Amón, dando la espalda al mundo, como han hecho siempre los sacerdotes. Vivís en una nube, despreocupados del mundo real. Yo he viajado por toda la tierra de Kem, e incluso he luchado en las fronteras. Mientras vosotros vestís al dios o recitáis can-

tinelas, el pueblo pasa hambre, sufre crueles impuestos, y lucha por sobrevivir día a día. Qué tristes tiempos vive Egipto.

–Acusas a tus antepasados de lo que es obra de los hicsos.

–¿Y quién ha permitido que entrasen en nuestra patria? Yo te lo diré, la decadencia, la falta de visión, el no reconocer que a nuestro alrededor hay otros pueblos que ambicionan nuestras riquezas. ¿Es que nadie los vio venir? Tantos magos, astrólogos, videntes, taumaturgos, y no vieron venir la ruina de Egipto.

Men-Ka no respondió, bajó la cabeza y siguió caminando en silencio junto a su hermano. Lo conocía, a la menor oportunidad exteriorizaba sus inquietudes, exorcizaba sus demonios. Y también sabía que no valdría de nada intentar convencerle. Para él, la paz interior, los mundos invisibles, el conocimiento, eran pamplinas, excusas de una casta sacerdotal que jugaba con la ignorancia de la gente. De nada sirvió en el pasado ni serviría ahora explicarle la otra realidad. Pero qué importaba ahora eso, era su hermano, su única familia carnal, lo quería y respetaba su elección como guerrero. «Hay muchas formas de servir a los dioses», pensaba.

–Dejemos todo esto, Uadjkre, nos vemos de tanto en tanto, menos de lo que quisiéramos, y ninguno de los dos sabemos hasta cuándo estaremos juntos, pues vives una vida peligrosa.

Uadjkre miró a su hermano, y se le iluminaron los ojos.

–¡Qué razón tienes Men-Ka!, por una vez al menos. Disfrutemos de este rato de asueto, mañana ya se verá. Vamos a emborracharnos, lo pasaremos en grande.

Men-Ka le siguió la broma.

–Vamos, tú te emborrachas y yo miro cómo lo haces, así luego habrá alguien para llevarte a dormir.

–Mejor, más para mí.

–Bueno, a lo mejor me animo. Por cierto, ¿no hay ninguna joven en tu vida, ningún «plan de conquista»?

Uadjkre miró a su hermano como si lo hubiera pillado metiendo la mano en el jarro de los caramelos.

–¿Cómo? ¿Qué sabes tú? ¿A qué viene esa pregunta?

–¿Así que he acertado? Hay una mujer en tu vida.

–Pues sí, hermano, la hay, pero...

–Pero ¿qué?

–Nada es fácil en mi mundo. Es Tany, una de las esposas de un dignatario hicso. Kamose la envió para cerrar un pacto y languidece en el harén del invasor.

–¿Y cómo la conociste?

Uadjkre miró alrededor.

–Esto no debe salir de entre nosotros. Es una espía. Se sacrificó para ayudar a nuestro pueblo. ¿Entiendes ahora? Eso es amor. Eso es luchar por la patria. Ahora yace en un palacio de Avaris como esclava; pero nos consiguió buenos informes. Durante semanas nos veíamos a altas horas de la madrugada, cuando todos dormían. Salía del palacio y nos encontrábamos a la orilla de Hapy, y me traía informes. No sé cómo pasó, pero un día me perdí en sus ojos, en su boca, en su cuerpo.

–No sigas, hermano, o tendré celos.

–Si la vieras, seguro que tendrías celos, por una mujer así dejarías los hábitos, sin lugar a dudas.

–Es mucho decir, pero por lo que cuentas debe de ser una gran mujer. Lo dicho, vamos a celebrar nuestras miserias, Uadjkre, la vida es agridulce. Creo que yo también beberé, aunque tenga que pasar luego una semana purificándome.

En ese momento, cuando los dos jóvenes salieron del jardín al patio que comunicaba con la avenida de esfinges, el faraón Kamose cruzó el umbral y se quedó quieto mirándolos.

Ambos inclinaron la cabeza en señal de respeto y esperaron a que él dijese algo, siguiendo el protocolo; pero no lo hizo.

Kamose estaba sorprendido, el Durmiente le había dado una señal y ahora se encontraba con un problema. Tenía ante sí dos muchachos, no uno, como interpretara Mereruka, el Jery-Hebet. ¿A cuál debía dar el mando del ejército? ¿Quién era el heraldo del ave Ben-Ben?

La situación se volvió tensa. Los muchachos no sabían qué hacer ni decir, y se miraban mutuamente sin entender la actitud del rey.

Al fin, Kamose reconoció a Uadjkre. Era el joven impetuoso y rebelde que acompañaba al general Emheb al pie de los colosos de Memmón y Maamón. Era atrevido, espía y guerrero. Entonces lo vio claro, él era el elegido, a él debía ceder el mando en la guerra, nombrarlo comandante de sus ejércitos.

Se acercó y le dijo:

–Joven, te necesito. No, Egipto te necesita. Los dioses te han seleccionado para salvar a tu país. Ven conmigo.

Uadjkre obedeció, sin mediar palabra dio un abrazo a su hermano y siguió al rey, quién cruzó al lado de Men-Ka sin darle importancia.

V

ATAQUE HICSO

> Sin dificultad ni combate se apoderaron por la fuerza del país, capturaron a los jefes, incendiaron las ciudades de modo salvaje, arrasaron los templos de los dioses y trataron a los indígenas con la máxima crueldad, degollando a unos y llevándose como esclavos a las mujeres y a los niños.
>
> Manethón, transmitido por Josefo

Por fin amanecía en Tebas, la Ciudad del Sur.

Al tiempo que los primeros rayos de sol refulgían en el horizonte, en las diferentes capillas del complejo cultual de Karnak, los monjes ungían y vestían a los distintos dioses, abriendo después los pequeños orificios del techo que permitirían pasar la luz de Amón-Ra y vivificarlos.

Uno de esos monjes era Men-Ka, que cumplía un tanto distraídamente sus obligaciones aquella triste mañana, pues sabía que en pocas horas se desencadenaría la tempestad.

Desde el fatídico día en que el rey se encontró con su hermano en los jardines del santuario, Uadjkre había desaparecido prácticamente de su vida. Kamose se lo llevó como si en él estuvieran puestas las esperanzas de Egipto, y más tarde, ni él ni su maestro Mereruka le dieron explicaciones. Pero el joven monje fue uniendo las piezas del rompecabezas.

Kamose presentó al joven Uadjkre a los príncipes de los nomos y celebró distintas ceremonias por las que transmitía parte de su poder real al muchacho. Como hijo de Horus, sus prerrogativas eran inmensas, y muchas de ellas las necesitaba Uadjkre para cumplir su misión. Su hermano, un simple soldado, un joven de menos de veinte años, se había convertido en el brazo derecho del rey y, sobre todo, en el Comandante de los Ejércitos.

Aquella decisión del monarca no fue bien recibida por todos. Kamose procedía de un linaje principesco, de una dinastía entroncada en sus orígenes con los dioses; su padre Seqenenre, sin ir más lejos, había luchado contra las huestes invasoras y muerto en la batalla. Su hijo era, para los nobles de los distintos nomos libres, el legítimo heredero, y no entendían muy bien si esta estratagema de nombrar a un joven desconocido como Comandante de los Ejércitos, era un truco o un verdadero deseo de los dioses. De momento lo aceptaron, pero Men-Ka sabía que estudiaban todos sus movimientos.

Había pasado más de una semana desde que lo viera cerca del Lago Sagrado, y hasta ahora no había podido hablar con él. Solo pudo verlo en alguna ceremonia, de lejos, y este ni se dio cuenta, concentrado como estaba en la misión que había asumido. Aunque le pareció que no se encontraba muy a gusto en el nuevo papel, en el que el destino lo colocaba.

Su Maestro, Mereruka, tampoco le dijo nada. Se comportaba de forma extraña, distante, como si algo le desagradara; pero el sumo sacerdote de Amón nunca confesaba sus dudas y temores ante los discípulos de menor nivel. De todos modos, no era necesario que fuese muy explícito, algo importante estaba ocurriendo: meditaba durante largas horas, y mantenía entrevistas con otros maestros, algunos venidos de rincones lejanos, misteriosos, impenetrables.

A pesar del ambiente de secretismo que se vivía en Tebas, en este día muchos enigmas estaban resueltos, porque a pocos kilómetros de la «ciudad de las cien puertas», las tropas hicsas, pertrechadas con sus espadas y arcos compuestos, montadas en sus carros de guerra de dos ruedas tirados por briosos caballos, se apostaban dispuestas a dar el golpe de gracia a la realeza y al pueblo egipcio. Aquellos adoradores de Baal, de Seth, el enemigo de Osiris, de la Luz, de la civilización, traían las peores intenciones.

Su hermano había sido elegido, inexplicablemente para él, como el salvador de Egipto, y sus pobres tropas rodeaban Tebas dispuestas a recibir el envite. En los días anteriores, los campesinos, los agricultores, los pescadores, el pueblo llano de los alrededores de la ciudad, habían pasado revista ante Kamose y Uadjkre, reclutando a cualquiera que pudiera reconocer, en un cuchillo con forma de hoz, un arma. Como era costumbre, la ceremonia se había realizado siguiendo el protocolo heredado de los reyes de la I Dinastía, los tiempos de Menes, el Unificador, pero la necesidad obligaba a no ser muy exigente en la elección. Primaban, por encima de todo, el espíritu de victoria y las ansias de libertad, más allá de las condiciones físicas, de la clase social o de los conocimientos militares.

Pese a los datos que había reunido, algunos enigmas seguían pendientes de resolución, y el principal resultaba ser su maestro.

Una noche, sin proponérselo, escuchó una reunión secreta.

Men-Ka estaba en una pequeña capilla de la sala hipóstila[3], en el Templo de Amón, esparciendo incienso con un pequeño pebetero, orando a Ptah, cuando vislumbró un grupo de monjes que se reunían tras una gigantesca columna, muy cerca de

3. La sala hipóstila es una de las que componen la estructura típica de un templo egipcio. Está situada después del patio principal y se caracteriza por tener una gran cantidad de columnas.

donde se encontraba. Lo que sin querer estaba viendo era algo poco usual, un conclave del clero de Amón y de otros sacerdotes venidos de las principales ciudades de Egipto.

Los altos sacerdotes coincidían cuando algo muy grave, de tipo político o mágico, amenazaba la existencia del gran templo, de Tebas, o de Egipto. Ellos eran el corazón de diamante de la Tierra de Kem, y ningún Faraón había sido nunca más poderoso que ellos, es más, ningún hombre o dios podía acceder al trono de Egipto si ellos no lo corroboraban, aunque no había rey ni reina que no hubiese salido de sus filas. Ni siquiera un hijo de Faraón, si no cumplía los requisitos astrológicos e iniciáticos, podía ocupar el trono de hierro.

Men-Ka recordaba lo que allí se habló.

Oyó la voz grave y poderosa de su maestro.

–Hermanos, se avecinan tiempos difíciles, en los que cada uno ha de aceptar el papel que el destino le ofrece. Nosotros, el sostén de Egipto, la columna vertebral del Imperio, ayudamos a los reyes con nuestros consejos de Sabiduría Milenaria, y a veces, con algo de magia. Pues bien, en la batalla que se avecina, el rey quiere que destapemos el arcón de los truenos, que abramos las puertas del abismo y que utilicemos nuestra peor magia para ayudarle en la guerra. Pero lo que me pide hace tiempo que se desterró de los templos, de las casas de los millones de años, pues implica el uso de entidades y fuerzas demoníacas, que todo sacerdote de la Buena Ley tiene prohibido usar. En otras circunstancias yo mismo le hubiese dicho que no, pero todos sabéis que la invasión hicsa representa el fin de Egipto. Y eso no podemos permitirlo, como no lo permitimos en el pasado.

–¿Y qué nos pide el faraón en concreto, Mereruka? –inquirió uno de los sacerdotes más viejos.

–Hay un libro de Thot, el maestro de las palabras de poder, uno de los cuarenta y dos libros que escribió hace eones, que contiene conjuros de magia negra, tan poderosos que con ellos solos se podría derrotar a un ejército.

–Pero esos libros no existen –interrumpió otro sacerdote–, son una leyenda.

–¿Seguro? –ironizó Mereruka.

–Sí, existen –atajó otro monje dedicado al culto de Thot, que Men-Ka reconoció inmediatamente por su acento libio–. Hace tiempo que la verdad se transformó en leyenda, pero en realidad fue un velo puesto sobre otro velo, pues era necesario ocultar su existencia para que nadie indigno llegara hasta ellos.

–Debemos recuperar ese libro.

–Pero –dijo el sacerdote de Thot–, ese libro se escondió por serios motivos, la cólera del grande en recitaciones caerá sobre nosotros.

–No temas –dijo Mereruka–, como sumo sacerdote de Amón y del clero de Tebas, yo asumo toda la responsabilidad, y bien sabéis que si lo digo será así. Que las maldiciones caigan sobre mi persona si de ese modo Egipto ha de quedar libre.

Un murmullo invadió la sala del Templo, mientras el corazón de Men-Ka se estremecía. ¿Qué estaba haciendo su maestro? ¿Qué desgracias invocaba? Pero Mereruka volvió a hablar.

–Bien, dejado esto claro, necesitamos saber dónde está el libro y quién irá a por él.

Volvió a hablar el sacerdote de Thot.

–Señor, hermano, el Libro es en realidad un papiro oculto en un lugar secreto, en medio del desierto de Libia, en un oasis que a veces aparece y otras se oculta como un espejismo; situado en la dirección del sol en el ocaso. En su interior, en un pantano infestado de serpientes cobra y áspides, rodeado de

escorpiones, yace dentro de un arcón de oricalco[4], dentro de un cajón de madera, dentro de un cajón de hierro, dentro de un cajón de oro. A su alrededor dormita una serpiente de oro de dos cabezas. Pero sabed que quien vaya morirá, es imposible abrir el último cofre sin que la serpiente clave sus ponzoñosos colmillos.

–Entonces –dijo el Maestro–, necesitamos un voluntario que no tenga miedo a la muerte y que se sacrifique por todos.

Al decir esto se hizo un silencio espeso. Mereruka miró largamente a sus compañeros, pero nadie alzó la voz ni la mirada.

–¡Cómo!, ¿ninguno de vosotros, la elite de Egipto, es capaz de sacrificarse por su país? ¿Es que de verdad ha llegado la decadencia de Egipto?

Men-Ka escuchaba atentamente y su corazón latía con rapidez. ¿Debía presentarse y ofrecerse voluntario, o era mejor no meterse en un asunto donde nadie le había invitado?, pensó.

El tiempo se detuvo mientras el maestro interrogaba con la mirada buscando un voluntario, pero nadie se ofreció.

–Yo no puedo ir, mi deber me obliga a permanecer cerca del faraón.

Entonces un joven salió de detrás de una columna, un joven que, como Men-Ka, había escuchado aquella reunión que pretendía ser secreta.

–Yo iré –dijo–, si me lo permiten.

El grupo de sacerdotes se giró para mirar al muchacho, un novicio de corta edad, no más de dieciséis años, y Mereruka le pidió que se acercara.

–No te reñiré, joven, por estar donde no debías y escuchar lo que no es asunto tuyo, pero los dioses tienen métodos extraños. Acércate, deja que te vea bien.

4. Mineral atlante del que habla Platón en el *Critias*.

El muchacho se acercó a Mereruka y este lo cogió por los hombros mirando intensamente en sus ojos. Después de unos minutos habló.

–Vaya, este joven tiene un alma muy vieja, es la encarnación de un guerrero que luchó con bravura en la Batalla de Menphis. El valor permanece, sin duda, a través de las encarnaciones. Y bien, Upuaut, ya que has escuchado lo que no debías o lo que debías escuchar, ¿te ofreces voluntario?

–Sí, señor, sin duda alguna.

–¿Incluso sabiendo que te diriges a una muerte segura?

–Sí, y no me importa. Condenémonos nosotros si así salvamos la tierra de Kem.

–Sea.

Men-Ka no había visto nunca a aquel joven, pero simpatizó con él inmediatamente, aunque también se apenó: sobre sus hombros recaía una gran responsabilidad. Todo Egipto se sacrificaba y él solo miraba cómo se sucedían los acontecimientos.

* * *

Concluida la reunión, los monjes se marcharon y Men-Ka se quedó envuelto en el silencio, pensativo. ¿Qué tramaba el Sacerdote Supremo de Amón? ¿Qué fuerzas estaba moviendo y a dónde llevarían su uso?

Ahora, en esta mañana magnífica, iluminada por Ra, en el día en que las tropas hicsas se iban a enfrentar con las tebanas, el joven monje comprendió el sentimiento de premura y desesperación de su maestro.

Era muy difícil que venciesen al ejército invasor, y la posibilidad de que Tebas fuese arrasada parecía inevitable.

Sintió el miedo flotar en el aire. Aún era un aprendiz de mago, como lo llamaba su hermano, pero podía oír las frases

de consuelo que las madres procuraban a sus hijos, los últimos abrazos de los amantes, las oraciones pronunciadas en voz baja. Parecía que toda Tebas se preparaba para recibir un largo sepelio.

El mismo miedo, o mayor, se olía en el ejército situado a cinco kilómetros al norte de Tebas, desde donde esperaban ver en el horizonte la primera línea de combate enemiga. La infantería se apostaba en primera línea, preparada con sus lanzas y sus espadas cortas, pertrechados con una ligera cota de malla y un casco de cuero. En columnas de a uno, en grupos de siete, conformando cuatro grandes cuadros de batalla; cada uno con su estandarte, cada uno dedicado y protegido por un dios: la división de Amón, de Ra, la de Ptah, y la de Sutekh.

Detrás de ellos, a pie como la infantería, se erguían los oficiales de menor graduación, auténticos militares, orgullosos, temerarios, ajenos a las luchas de poder y a las intrigas de los nobles de la corte. Tras ellos, los trompeteros esperaban temblorosos la orden para hacer sonar sus cantarinas trompetas de bronce y oro. Y detrás de todo el ejército, en una tarima ricamente decorada, los príncipes de los nomos rodeaban al joven Uadjkre, al «elegido», vestido con los atributos de la realeza.

Desde la tribuna, sombreada por quitasoles sujetos por potentes brazos y rodeado de estandartes, podía abarcar la vista de todo el campo de batalla.

Uadjkre estaba ansioso, casi temblando. A su alrededor destacaban las figuras de viejos guerreros a los que debía conducir y que no lo miraban con agrado. Sus ceñudos rostros denotaban oscuros pensamientos, y solo la presencia del general Emheb le daba ánimos. Él era el único que le sonreía, le apoyaba, le obedecía; pese a su edad, pese a su grado.

Pero todo estaba dispuesto por Kamose y el clero de Tebas, y todos temían más al príncipe de las Dos Coronas y sus magos, que al maldito pueblo hicso. Los nobles cumplirían su cometido; a desgana, humillados, pero lo harían.

De pronto, un soldado llegó hasta él, después de cruzar la llanura corriendo.

–Señor –dijo atropelladamente–, ya están aquí, dentro de muy poco podréis observar la nube producida por sus monturas. ¡Mirad! ¡En el horizonte! ¡Ya están aquí!

Un murmullo recorrió la milicia tebana. A lo lejos se podía observar que eran ciertas las palabras del heraldo: el ejército hicso aparecía en la lontananza desafiando al mundo, y con él llegaba la desgracia.

Venían con sus carros de guerra y sus estandartes de Baal y Seth, engreídos, desafiantes, con la creencia de que sería fácil derrotar a una tropa débil e indisciplinada; como las que ya habían arrasado en su camino. En algunas lanzas destacaban cabezas cortadas y manos. Su barbarie retaba a los mismos dioses.

Uadjkre no sabía qué hacer. Era joven e inexperto, y nunca había participado en una guerra abierta, una guerra de esta magnitud, aunque sí en pequeñas escaramuzas. Los días previos a la batalla había pedido instrucción al que consideraba como su padre, Emheb, y ahora esperaba el momento de dar la primera orden.

Pero algo ocurrió. De pronto, de las columnas enemigas se desgajó un carro de guerra que se acercó hasta las filas egipcias, quienes, a la orden dada por un trompetero, lo dejaron pasar. Era costumbre que los reyes, antes de pelear, proclamasen sus respetos y pidieran una guerra limpia. Al menos eso era lo que pensaba Uadjkre que diría el heraldo, pero fue algo muy distinto.

Cuando estuvo lo suficientemente cerca habló.

–¿Quién de entre vosotros es la escoria llamada Uadjkre? –preguntó el hicso jactancioso–. Que se muestre si no es un cobarde.

Uadjkre se adelantó y bajó los peldaños del entarimado construido para dirigir la batalla.

–Yo soy. ¿Qué quieres? ¿Tal vez tu rey se rinde antes de comenzar el combate?

–No, señor, nada de eso. Traigo un presente de mi rey. Él piensa que es posible que os inspire en la contienda.

–No queremos nada vuestro, invasores, salvo que os marchéis de Egipto.

–Mi señor, calma –contestó el hicso con sonrisa burlona–, os aseguro que el presente os interesará. Permitidme mostrároslo.

–Hacedlo y marcharos –dijo Uadjkre frío y cortante.

El hicso de tez morena y espesa barba descendió del carro, portando un gran bulto envuelto en una alfombra. Lo depositó en el suelo y tiró de un lado mostrando su contenido.

Los presentes exclamaron un grito de estupor, pero el rostro de Uadjkre se quedó pálido y su corazón se encogió. Aquel bulto era el cuerpo de una mujer, era Tany, la princesa, muerta, llena de magulladuras, con la piel pálida y amoratada debido a la avanzada descomposición del cadáver.

El sacrilegio llenó de cólera el alma del muchacho, más de lo imaginable y, rompiendo las reglas de la guerra y olvidándose de su misión, cogió su propia espada y se lanzó contra el hicso gritando como un poseso.

–¡Asesinos! ¡Asesinos...!

Aquello fue el grito de guerra que despertó al ejército tebano, pero también al hicso. Aún no se había extinguido la vida en el extranjero ni el primer fuego de odio en la mirada de

Uadjkre, cuando los dos ejércitos se lanzaron a la lucha como dos jaurías de perros rabiosos.

Emheb había dado la orden por Uadjkre y los trompeteros lanzaron las estridentes notas al cielo, ordenando a la infantería que avanzase. Al mismo tiempo, las huestes hicsas, que contemplaban con indiferencia la muerte del heraldo, gritaban a la caballería para que cruzase rápidamente los pocos metros que la separaban de los egipcios.

El encuentro se tornó sangriento y, en el desenfrenado furor de un instante, se olvidaron las tácticas de la guerra. Se convirtió en una carnicería, en un combate cuerpo a cuerpo, donde el valor y la nobleza caían bajo el peso del hierro y las ruedas de los carros de combate; eran auténticos perros de la guerra.

Los soldados egipcios luchaban con todas sus fuerzas, y entre ellos, como no era habitual, sus mandos; pero la superioridad hicsa era abrumadora y su fiereza también, parecían bestias salvajes entrenadas para matar, para asestar mortíferas cuchilladas sin mirar siquiera a quién o dónde las daban.

En medio del tumulto estaba Uadjkre, luchando como uno más, sumergido en la vorágine y perdiendo de vista los movimientos de la batalla. Él no debía estar ahí, él debía estar lejos, mirando por encima la marea humana, distinguiendo dónde iban a chocar las olas de sangre, para dar órdenes acertadas a sus mandos. Pero ya era tarde, la estrategia hicsa había funcionado y el joven se había dejado llevar por la ira, pérfida diosa que ciega a los hombres.

Sus generales estaban lejos, desoyendo sus gritos desesperados, sus órdenes, llevados también por la irreflexiva creencia de que ellos, cada uno, podría ser el héroe que no había querido ser Kamose, buscando su propia gloria en medio de la desgracia de su pueblo.

Poco a poco, los cadáveres fueron acumulándose en la hondonada y la sangre fue bebida por las ansiosas arenas, mientras los vapores sanguinolentos seguían emborrachando a hicsos y egipcios. Muchos lucharon con bravura, pero incluso así cayeron inexorablemente, como gotas de agua en una cascada mortífera, mientras los dioses pasaban con su cortejo de demonios llevándose las almas al infierno.

Al fin, un hicso levantó su espada de hierro y la dejó caer con furia en el pecho de Uadjkre, sentenciando la batalla.

El joven cayó desangrándose al suelo y, a punto de perder la conciencia, aún vio a los invasores cruzar con sus carros por encima de los cadáveres de sus compatriotas, castigando su osadía, su resistencia a ser esclavos. Veía cómo cortaban cabezas y manos y cómo, chorreando sangre, las clavaban en sus estandartes, ofreciendo un holocausto de muerte a sus dioses infernales. Su buen Emheb también caía ante sus ojos, asestado por un dardo y, entonces, a su alrededor todo se tiñó de rojo sangre. A pesar de las heridas, con mucho esfuerzo, arrastrándose entre los cuerpos sin vida, Uadjkre llegó hasta el cadáver de Tany, y aún logró esquivar la muerte hasta que alcanzó su mano y la apretó con fuerza. Después, su corazón dejó de latir y con él la vida.

En ese instante, en el templo de Amón, Men-Ka se sobresaltó y sintió con claridad que su hermano había muerto. Haciendo un esfuerzo por serenarse y no llorar, elevó su conciencia fuera de su cuerpo y voló hasta el campo de batalla. Lo que vio le horrorizó, pues su *Ka* podía ver lo visible y lo invisible, y en aquel lugar de pesadilla contempló cómo las almas de los guerreros seguían peleando, aunque sus cuerpos yacían sin vida en el ensangrentado suelo, y entre ellos el de su hermano.

Demonios como jamás había contemplado, se movían entre las almas desencarnadas, alentando su locura, el odio, la venganza, y bebiendo los efluvios intangibles de la sangre. ¡Qué imagen más espantosa! A duras penas pudo sobreponerse a la tragedia y llegar hasta el alma de su hermano, quien, invadido de una cólera divina, luchaba incansablemente contra espectros hechizados.

Detuvo su mano y logró mirarle a los ojos. Entonces Uadjkre lo reconoció y dejó de luchar. Dudó unos instantes, y cuando fue consciente de lo que sucedía, desapareció.

Men-Ka volvió a su cuerpo. Pese a sus conocimientos sobre la vida y la muerte, pese a saber que esta no existe y que las almas vuelven a encarnar pasado un periodo de descanso en el Amenti, lloró a su hermano, por egoísmo, tal vez porque tardaría en volver a verle, si lo veía, en los dorados trigales de siete codos de la tierra de Amón.

Pero, se preguntaba indignado, ¿por qué había muerto? ¿No era el elegido para salvar a Egipto?

VI

AMÓN, EL OCULTO, EL-QUE-MUEVE-LOS-ABANICOS

¡Salud a ti, oh Amón-Ra, señor de Karnak, bello joven imagen de los dioses. Todos los hombres alzan su vista para contemplarte. Señor del Terror. Eres el rey de todos los dioses cuando calmas el pavor que produces.

Libro de los Muertos

Tebas, la ciudad de Amón, la metrópoli más poblada de Egipto, la más hermosa y bendecida por los dioses, ahora es, sin embargo, la más castigada.

El desenlace de la batalla corrió de boca en boca, y los pocos soldados que se quedaron en la retaguardia para proteger la muralla no pudieron resistir el poderío hicso. En cada puerta había un vigía y unos pocos ciudadanos, poca cosa para los arietes que destrozaban los decorados portones de madera, rompiendo también toda esperanza.

Las tropas invasoras entraron por las calles como ríos de agua, como si el Nilo inundara la ciudad, pero en vez de traer el vivificante limo que da la vida, arrojando la nefasta sombra de la muerte.

Mientras los soldados seguidores del diabólico Seth invadían y saqueaban Tebas, Salitis, el caudillo hicso, se dirigió con sus hombres al palacio real.

Irrumpió por la puerta principal con su carro de guerra, destruyendo los muebles y los bellos tapices. Las ruedas forradas de hierro machacaron los jardines y rompieron las delicadas fuentes, hasta llegar al salón principal situado al fondo del edificio. Allí lo esperaba Kamose, vestido con toda la pompa real, sentado en su trono de oro, con el porte majestuoso, y los brazos cubiertos de cintas y brazaletes, apoyados en las maderas de cedro con forma de león. Detrás de él, los portaestandartes sostenían las enseñas del Alto y Bajo Egipto.

A pocos metros de Kamose se encontraba su guardia personal, mirando fieramente a los hicsos, dispuestos a dar su vida sin dudarlo un instante. A su derecha estaba Mereruka, el Sumo Sacerdote de Amón, y tras él, en un rincón, Men-Ka contemplaba aterrado toda la escena.

Salitis, el rey Hicso, sin bajarse del carro, seguro de sí mismo y de su victoria, henchido de orgullo, habló:

–¿Y qué, Kamose, príncipe de Tebas? Me parece que tu estrategia no ha funcionado. Mira qué nombrar a un imberbe soldado como general de tus ejércitos, un pobre y descastado plebeyo. Reconoce la ironía, tú has hecho caso a tus dioses y estos a mí. Ya era hora de que Tebas cayese bajo el yugo Hicso, ya era hora de dejar de jugar al juego de la diplomacia; demasiados siglos ha durado el imperio de Egipto.

Kamose no respondió y Men-Ka lamentó que no lo hiciera, que no replicara a aquel bastardo que se atrevía a despreciar a su hermano.

–No hablas. ¿Otra estrategia de tus sacerdotes? De nada te servirá, y menos cuando los mate uno a uno con mis propias manos.

Salitis bajó del carro al tiempo que desenvainaba la espada, y caminó hacia Mereruka precedido por sus hombres, que en desigual lucha dieron muerte con rapidez a la guardia real.

Kamose se mantenía hierático, mirando la escena como paralizado, aunque sus ojos, inyectados en sangre, atravesaban los del rey hicso como un dardo de fuego. Al fin habló:

–¿De qué servirán mis palabras, si de verdad he perdido esta batalla? Haz lo que quieras. Si no muero, mi venganza te alcanzará en esta vida, y si muero, desde la otra te buscaré sin descanso con las huestes de Anubis a mi servicio.

–No vas a morir Kamose, al menos, no ahora. Te tengo reservado algo peor que la muerte. Pero a quien sí voy a matar es a tu mago, así no tendré que temer sus hechizos.

Dicho esto, recorrió los pocos pasos que lo separaban de Mereruka y, blandiendo la espada se prestó a matarlo. Pero entonces Kamose, rompiendo su inmutabilidad, se levantó del trono como un felino y, antes de que la hoja cayese sobre el sacerdote, se encontró con su propio cuerpo, que quedó mortalmente herido. Al mismo tiempo, Men-Ka también había intentado ayudar a su maestro.

–Maldito bastardo –gritó Salitis–, desde luego que los egipcios habéis perdido el juicio. Pero no importa, seguiré adelante con mis planes.

Se dirigió entonces a sus hombres y les dio una orden.

–Encerradlos hasta que sea la hora de Setch, entonces se los ofreceremos en sangriento holocausto.

Los soldados levantaron a Kamose y con él se llevaron también al sumo sacerdote y a Men-Ka. Recorrieron varias estan-

cias del palacio y en una de ellas los precipitaron, empujándolos sin contemplaciones. Cerraron la puerta con llave y la tiraron a un pozo cercano, luego golpearon la parte exterior de la cerradura, destrozando el mecanismo de apertura por ese lado.

–Así nadie podrá rescatarlos –dijo uno de los hicsos.

* * *

En otros lugares de Tebas continuaban los desmanes producidos por el invasor. Los soldados arrasaban lo que encontraban a su paso, segando sin piedad la vida de cualquiera que osase enfrentárseles. Entraban en las casas y robaban los objetos de valor y los alimentos, para después matar a los hombres y violar a las mujeres. El caos era dueño de la ciudad, y el pillaje y la búsqueda de botín los llevaban a practicar el peor de los saqueos.

Pero algo aún más terrible estaba a punto de ocurrir.

Como si la marea humana tuviese vida propia, las tropas se fueron reagrupando delante de la gigantesca puerta del templo de Amón. Ante la enorme explanada bordeada de esfinges con forma de carneros sedentes, se levantaban dos soberbios obeliscos forrados de brillante *eléctrum*, que resplandecían en el piramidión de la parte superior. Los pilonos, a modo de murallas para gigantes con sus mástiles ornados de banderolas, los separaba del interior del hogar de Amón, y ante ellos se movían nerviosos los soldados, mirándose mutuamente, esperando las órdenes de sus jefes, dispuestos a entrar y mancillar el sagrado recinto, listos para saquearlo. Pese a su número, parecía un ejército de hormigas delante de la casa de la vida, del templo de los millones de años.

Los caballos relinchaban intranquilos, los hombres, ebrios la mayoría, maldecían. Estaban dispuestos a todo, a ultrajar con su impiedad el templo supremo, a demostrar que se reían de los dioses de Egipto, de las tradiciones, de los sacerdotes, que no temían a nada ni a nadie. Si habían vencido a los reyes egipcios, ¿por qué no a los dioses? ¿No demostraba que Seth, su dios, era el dios supremo?

Entonces un oficial dio la fatídica orden y cuatro hombres se lanzaron sobre las dos hojas de madera forradas de oro de más de diez metros de altura. La pesada puerta pivotó a derecha e izquierda con facilidad, pese a su magnificencia, y dejó un gran espacio abierto por donde podía entrar un ejército tres veces más numeroso que el hicso.

Se volvieron a oír los gritos, las carcajadas, las maldiciones, un tumulto que iba subiendo de tono esperando que alguien se atreviese a iniciar el sacrilegio. Y de pronto, como sacudidos por una fiebre irrefrenable, las hordas bárbaras avanzaron, latigaron a los caballos y entraron apresuradamente en la morada de Amón, el Oculto, en el hogar del dios supremo egipcio, desde donde las energías divinas se canalizaban a todos los rincones de la madre patria, llegando hasta el más humilde santuario, al altar más nimio. Los hombres y sus monturas eran pequeñas figuras que cruzaban el gigantesco umbral, adentrándose en una dimensión desconocida.

Cientos de hicsos invadieron el santo recinto aullando y maldiciendo, y corrieron entre las dieciséis apretadas filas de columnas de la sala hipóstila, que se alzaban hacia el techo como si fuesen ciclópeos árboles de un titánico bosque. Jugaban a perseguirse, probando puntería con sus arcos sobre las estatuas de las divinidades y los frescos de las paredes, manchando con escupitajos las milenarias imágenes y los objetos

sagrados, regodeándose impunemente en el lugar donde ni los dioses osaban entrar sin prestar reverencia al dios Amón.

Pero entonces algo misterioso ocurrió. Las puertas del templo se movieron solas, sin que mano humana las tocara, produciendo un estruendo ensordecedor, y el recinto quedó herméticamente cerrado.

Las ventanas, situadas en los propileos superiores, también se cerraron de improviso, llenando de oscuridad la sala principal. Entonces, un viento de origen desconocido sopló deslizándose entre las columnas, entre los carruajes, los caballos y los hombres, acariciando sus cuerpos, sus rostros, infiltrándose en sus ropas, en sus corazas, en sus corazones.

Y el miedo llegó con el viento frío, y después el terror, más tarde la locura.

Los caballos sintieron el pánico que se estaba desencadenando y relincharon encabritados, tirando a los hicsos contra el duro suelo de granito. Los hombres corrieron buscando salidas inexistentes; unos chocaban contra otros, y los más eran pisoteados o masacrados por las pezuñas de sus propios caballos, que huían a la desesperada. Mientras escapaban, notaban como si la oscuridad se moviese con inhumana vida, como si hubiese sombras dentro de las sombras, persiguiéndoles, girando a su alrededor, susurrándoles, cazándoles, devorando sus almas.

El miedo creció en los corazones y después llegó el horror más absoluto. Los vientos de Amón, el-que-mueve-los-abanicos, poseyeron la magnífica sala del templo de Karnak, y animales y hombres sucumbieron a la locura. Las monturas tiraban a sus jinetes e intentaban escapar, arrastrando a sus amos, golpeando con sus pezuñas a los caídos. Los soldados chocaban unos con otros y, llevados por la desesperación y el

pánico, sacaban sus espadas y las usaban contra sus propios compañeros. Aquello era el caos absoluto.

Tras minutos de auténtico horror, las puertas se abrieron y los soldados todavía vivos huyeron despavoridos, con los rostros desencajados, desobedeciendo a los mandos que esperaban fuera, corriendo por las calles en busca de las salidas de Tebas.

Aquello era solo el principio. Los invasores habían llegado demasiado lejos con su impiedad, ofendiendo y retando a los mismos dioses de Egipto, de la Tierra de Kem. Era la hora de su venganza.

VII

EL MUNDO ES UNA ILUSIÓN DENTRO DE UNA ILUSIÓN

¡Todo me pertenece, pues me ha sido dado! Entré en el Occidente como un halcón y salgo como el ave Fénix. ¡Estrella de la Mañana, ábreme el camino de modo que pueda entrar de nuevo en el Hermoso Occidente y ver el lago de Horus! ¡Ábreme el camino para que pueda adorar a Osiris, el señor de la Vida!

Libro de los Muertos

En la habitación donde habían sido encerrados, el faraón Kamose se debatía entre la vida y la muerte. La herida era profunda y solamente un milagro había evitado dañar ningún órgano importante. La hemorragia era contenida por la magia de Mereruka, que tenía puesta su mano en el pecho.

–Maestro –dijo Men-Ka–, ¿qué vamos a hacer? ¡Estamos perdidos!

Pese a lo verdaderamente desesperado de la situación, Mereruka guardó la compostura e intentó tranquilizar a su discípulo.

–Calma, Men-Ka, calma. Es este uno de esos momentos en los que debemos mostrar lo aprendido, los años de entrena-

miento controlando al animal-hombre. Recuerda, todo son pruebas, todo oportunidades.

Men-Ka oía al maestro, pero no escuchaba. Aún tenía grabado en su mente el rostro desencajado de su hermano muerto en la batalla, y sentía la angustia de su pérdida.

–Quisiera ayudar –dijo más calmado–, quiero, pero no veo la salida.

–Men-Ka –habló Mereruka pronunciando las palabras parsimoniosamente, usándolas como un calmante–, el faraón está herido de muerte, y yo soy el único que puedo evitar que eso ocurra. Ahora mismo Anubis reclama su alma, pero no debo entregársela, porque su destino aún no se ha cumplido. Querido discípulo, tú eres nuestra salvación.

–¡Yo! ¿Cómo lo fue mi hermano? –dijo agriamente el joven–. Entonces estamos perdidos.

–Te diré algo, Men-Ka, tu hermano no era el elegido por el Antiguo, el Durmiente a quién consultó Kamose buscando la salvación de Egipto.

–¿¡Cómo!? –exclamó asombrado el muchacho montando en cólera–, que mi hermano ha muerto por un error del faraón. ¿Cómo? ¿Cómo ha sido eso posible?

–Lo lamento tanto como tú, Men-Ka, pero los hombres somos imperfectos. Los dioses nos mandan continuamente señales, avisos, pero no siempre los vemos y, cuando los vemos, no siempre los interpretamos correctamente.

El joven tuvo que hacer un gran esfuerzo para controlarse, pero al final lo hizo. Respiró profundamente y preguntó.

–Entonces, ¿quién es el elegido? ¿Quién debía comandar los ejércitos contra el invasor?

El Maestro miró largamente a Men-Ka y contestó abruptamente.

–Tú, hijo mío.

–Yo, pero... pero... –tartamudeó el joven.

–Kamose os encontró a los dos a la vez al entrar en el jardín real. Él esperaba ver a un joven, como le dijera el Durmiente, pero al encontrar dos, dudó. A ti no te conocía, pero sí a tu hermano, con quien había tenido una reunión horas antes. Discúlpale, pues fue un error que tú también habrías cometido.

Men-Ka caminó a lo largo de la estrecha habitación en la que los habían encerrado, golpeando con los puños desnudos las paredes enlucidas con blando estuco, mientras intentaba encajar aquellas novedades. ¡Su hermano muerto por el error de un rey! ¡Él, el elegido por un ser desconocido del que nunca había oído hablar! Aquello era de locos.

–Y si es así –atinó a decir–, ¿qué ha de ocurrir ahora, maestro? ¿Qué hemos de hacer? Siempre os tuve como la encarnación de un dios en la tierra. Decidme, ¿podéis ver lo que hemos de realizar?

En estas palabras se destilaba una gran melancolía y amargura, fruto de los tristes acontecimientos de los últimos días. Había en ellas un deseo insatisfecho, una necesidad de seguridad, de creer, de saber. Y Mereruka, aunque en su corazón no encontraba tampoco una seguridad absoluta, se la dio.

–Sí, amado discípulo, todo está dispuesto. Desde que vi con claridad la equivocación del rey he estado preparando otra guerra contra los hicsos. Kamose me pidió que utilizara la magia para vencer a los bárbaros y voy a hacer más que eso. Ten la seguridad de que desde los tiempos en los que los dioses reinaban en Egipto, nadie ha visto nada parecido a lo que va a suceder en las próximas horas, es más, ni en los peores tiempos de

la magia negra atlante los hombres han visto conjurada tanta maldad. Pero antes de todo, Men-Ka, debes sacarnos de aquí.

El joven miró fijamente a su maestro y luego recorrió con la vista la pequeña estancia, sin ventanas y con una única puerta.

–Pero ¿cómo? No hay salida, y yo solo no podré derribar la puerta. Es imposible.

Entonces el Maestro frunció el ceño.

–Nada hay imposible para un sacerdote de Amón. Yo no puedo utilizar mis poderes porque necesito toda mi fuerza y concentración para mantener al rey con vida, pero tú, Men-Ka, tú puedes atravesar ese muro, una ilusión al fin y al cabo, y traer la llave que han tirado en la fuente. Desde fuera no se puede abrir la cerradura, porque la han roto, pero desde dentro sí.

Men-Ka se quedó petrificado mirando a Mereruka. De nuevo la prueba del Loto le recordaba su fracaso. Su rostro mostraba al maestro la impotencia.

–Sé que puedes hacerlo, sé que casi lo consigues la última vez.

No podía decir que no. No había salida. Ahora sí que importaba el tiempo, sí que había otros esperando su triunfo; era la hora de la verdad. «No», se decía mientras miraba la pared y al Sumo Sacerdote alternativamente, «no puedo decir que no».

–Está bien, Maestro, lo intentaré.

–No lo intentarás. Lo harás.

Men-Ka se sentó en el suelo con los pies cruzados y las manos sobre las rodillas, la espalda recta y el mentón ligeramente inclinado, y empezó a respirar cadenciosamente siguiendo una fórmula secreta.

Pensó, con un pensamiento fugaz, que ahora sería más fácil, pues no estaba dentro del agua y no debía mantener su cuerpo bajo la presión y la falta de aire mientras intentaba, al mismo

tiempo, coger el Loto; y eso le animó. Además, aunque débilmente, notaba la presencia de su maestro. «Sí, esta vez sí lo conseguiré, se lo debo a mi hermano», pensó.

Men-Ka se desdobló de su cuerpo y liberó el *ka*, la fantasmal copia de sí mismo, la raíz de la vida, el primer instrumento del alma en el más allá, en el mundo astral.

Entonces se dirigió a la puerta, metió primero una mano y siguió después con el resto del cuerpo.

Lo más fácil estaba conseguido. Ahora debía buscar la llave.

Enfrente de él se encontraba una fuente, un pequeño pozo, el lugar donde decía su maestro que la habían tirado. Se acercó hasta él y se lanzó a su profundidad. La luz del *ka* le permitió encontrarla, pese a la oscuridad, y la cogió, como hizo con el Loto.

Llegó con ella a la pared y, de nuevo, por un instante, dudó. Hasta este momento lo tenía todo dominado, pero era en esta parte donde se demostraba si se tenía maestría o no en lo que requería el ejercicio, porque debía desmaterializar la llave para que pudiera cruzar con él.

Dejó de pensar y se dirigió contra el muro. Metió su cuerpo dejando la mano para el final y, cuando debía atravesar la llave, esta chocó contra la pared y cayó.

Men-Ka notó la mirada de su maestro y le invadió la vergüenza.

–Tranquilo, hijo, tranquilo, inténtalo de nuevo.

El joven volvió a cruzar el muro y cogió la llave. Volvió a meterse en la pared y a dejar la llave para el final. Y entonces, en un movimiento rápido y consciente, la llave pasó cayendo esta vez dentro de la habitación.

–¡Lo he conseguido! –gritó–. ¡Por todos los dioses! ¡Lo he conseguido!

Feliz por el éxito, Men-Ka volvió a solaparse con su cuerpo, tomando posesión del mismo lentamente, para no dañar el sistema nervioso. Algo entumecido se levantó y cogió la llave, esta vez con su mano física, la metió en la cerradura y abrió la puerta.

Salió y miró alrededor por si todavía quedaba algún hicso y, al no ver peligro, ayudó a su maestro a salir con Kamose.

Mereruka sonrió a su discípulo, pero no hablaron en los siguientes minutos, mientras atravesaban los pasillos del palacio en dirección al templete de Hathor, donde un monje médico podría encargarse del monarca.

Después de depositar el cuerpo sobre una larga mesa y de dar algunas instrucciones a un par de sacerdotes, el maestro entonces se dirigió a Men-Ka.

–Bien, Hijo de Amón, en el día de hoy estás avanzando más en el sendero que en los últimos años. Las experiencias dolorosas son un pliegue en el tiempo, una aceleración que permite vivir, en menos, más. Pero aún no ha acabado este largo día.

–Dime Mereruka, ¿qué he de hacer? Acepto lo que me depare el destino.

–Ya te dije que esta noche y en el próximo amanecer se van a desencadenar fuerzas tremendas, y cada uno debe cumplir su misión. Yo debo ir a buscar un joven que cruza ahora mismo la puerta Este de Tebas. Tú debes ir al templo del Oculto, y seguir mi voz. Eres la salvación de Egipto, pero no cumplirás tu tarea sin la ayuda de Amón. Es más, hoy «tú serás Amón, y caminarás entre los hombres como un dios».

VIII

EL HALCÓN MILENARIO Y EL PAPIRO MÁGICO

> El buen dios, el rey del Alto y Bajo Egipto Neb-Maat-Ra (Amen-Hotep III), el hijo primogénito de Hor-Ajty habla en mi favor y él me nombra escriba real. Yo penetré entonces en la literatura religiosa y conocí los trabajos útiles de Thot. Me convertí en conocedor de las ideas inaccesibles al común de las gentes. Comprendí todos los pasajes oscuros (de los textos) ...
>
> Amen-Hotep

Por la puerta Este de Tebas, accediendo a los jardines que rodean el templo del dios Thot, un joven malherido caía sobre un seto de hierbas frescas. Por encima de él, un halcón chillaba dando vueltas en círculos.

El Maestro Mereruka llegó en el momento fatídico, y con gran ternura lo cogió entre sus brazos. Aquel joven de dieciséis años había cumplido su palabra, recorrió los inhóspitos desiertos y, como podía ver el sacerdote, el halcón llevaba entre sus garras un pergamino enrollado y sellado con el cuño de Thot.

–Ya ha pasado todo –le dijo el mago–. Estás en casa, la misión ha concluido.

–Lo logré, Señor –dijo Upuaut forzando una sonrisa–. Como sabéis, me interné en el desierto en dirección al ocaso, teniendo siempre delante el disco solar, que iba cumpliendo inexorablemente su recorrido celeste, dispuesto a empezar el viaje por el mundo infernal, como un presagio de mi propio destino. Cuando ya no hubo sol, paré, eligiendo el amparo de una pequeña cueva; el halcón se situó cerca de mí, protegiendo mis sueños de los fantasmas que rondan los desiertos. Al día siguiente, al amanecer, realicé las sagradas oblaciones ante el sol y continué mi marcha, guiándome por mi propia sombra y el vuelo del halcón. Así anduve durante tres días, hasta que llegué al oasis fantasmagórico. Parecía un espejismo, una ilusión de los sentidos, y ni siquiera estaba seguro de que era el oasis profetizado, hasta que entré en su densa y fresca vegetación, y contemplé el pantano. Allí estaba la ciénaga, Maestro, reflejando los últimos rayos del sol. Tranquilo, sin aparente maldad. Esperé hasta que llegó la noche y la luna llena iluminó con destellos de plata el camino dentro del estanque. Como estaba purificado, caminé sobre las aguas, evitando el ataque de las serpientes, áspides, e incluso de los cocodrilos que intentaban atacarme y que solo el poder, el Heka que me rodeaba, se lo impedía. Os juro que el terror paralizó mis miembros en algún momento, y solo mi promesa a vos me hizo fuerte, pues ¿qué le queda a un hombre que no cumple sus promesas? El pantano parecía un ser vivo, un animal protegiendo su tesoro; notaba mi presencia y manifestaba su odio atrayendo todo tipo de criaturas dispuestas a destrozarme. Entonces llegué al lugar donde la Luna, el Ojo de Isis, incidía con sus rayos plateados mostrando, ¡oh poderoso prodigio!, el cofre donde reposaba el papiro mágico. Como me advertisteis, numerosos seres reptilescos reptaban a su alrededor impidiendo cogerlo y abrirlo,

pero yo llevaba el bastón de poder y, tocando con la parte superior el centro del Ojo de Horus grabado en la tapa, inmediatamente, como una onda, como cuando tiramos una piedra en un estanque, aquellos seres inferiores se alejaron trazando círculos a mi alrededor. Con un gesto elevé en el aire el cofre y ordené que se abriesen sus tapas. Dentro había otros cofres de distintos metales, y todos los abrí con el poder del bastón, hasta llegar al que contenía el sagrado papiro. Pero cuando abrí el séptimo sello, y el libro de Thot estuvo ante mis ojos, una gigantesca serpiente salió de la nada y me atacó. Una serpiente de oro, con dos cabezas, una en cada extremo, que lograron sorprenderme y clavar sus ponzoñosos colmillos en mi carne, inoculándome el veneno que ahora está consumiendo la poca vida que me queda. Sabía que estaba infectado y que debía darme prisa en regresar, pero, recordando que lo primordial era el papiro, mientras la serpiente preparaba otro ataque, lo cogí y se lo lancé al halcón. Este debió haber volado inmediatamente para traéroslo, pero no sé por qué razón se quedó allí y me ayudó a luchar contra la serpiente. Saqué mi espada corta, ya que el bastón no servía con la serpiente dorada, y me defendí con ella, procurándole profundas incisiones, e incluso logré cortarla en dos partes iguales; pero aquella serpiente de oro volvía a recomponerse de forma mágica una y otra vez. Al fin, después de seccionarla por enésima vez, el halcón cogió una parte de la serpiente, llevándosela lejos, y yo aguanté la otra hasta que, no pudiendo rehacerse, murió desangrada; aún está impregnada mi ropa de su pestilencia. Después salí de allí e intenté recorrer el camino de vuelta lo más rápidamente posible, pero la infección iba pudriendo mi sangre y carcomiendo mis entrañas. El halcón me guió en mi febril trayecto, hasta que por fin vislumbré las murallas de Tebas. Doy gracias a los

dioses por permitir que muera en mi patria. Pero, decidme, ¿he llegado a tiempo?

–Sí, has llegado a tiempo, Upuaut. Intuyo que el dios Thot, a quien sirves, te ha protegido. Por lo menos hasta llegar aquí, porque ahora...

El maestro no pudo continuar, embargado por la emoción. Aquel muchacho, aquel héroe había entregado la vida por Egipto, algo que ni los magos del clero de Amón se habían atrevido a hacer.

–Dígalo, señor, ya no temo nada.

–Ahora vas a morir, hijo mío, alma de guerrero. Pero no temas, pronto volverás, solamente es un descanso, un merecido descanso.

El joven no contestó, su alma ya huía del cuerpo exhausto, volando en compañía de Anubis al Amenti, sin Juicio. Pero el maestro, incluso sabiendo que ya no estaba, le cerró los ojos, recitó unos poemas rituales y le dio un beso en la frente.

–¡Levántate hacia la Vida, ya que, ¡mira!, no estás muerto!

Después cogió el cadáver y lo llevó ante el altar de Thot, el grabador de las estrellas, depositándolo a los pies de su estatua. Rezó unas cuantas plegarias y colocó una peana con inciensos aromáticos. Luego salió. Levantó la mano y el halcón se posó en su puño, cargado con el preciado papiro. Lo cogió con fuerza y caminó hacia el templo de Seckhmet, mientras susurró.

–Hoy se desatará el infierno.

IX

LA MAJESTAD DEL DIOS AMÓN

Sé que Karnak es la montaña de la luz, el horizonte sobre la tierra, la venerable colina de origen primordial, el ojo sano del señor de todas las cosas, su lugar favorito, que luce su belleza y encierra su alcoba.

Hatshepsut

Yo soy el uno oculto en el lugar secreto. Soy un espíritu perfecto entre los compañeros de Ra, y he ido y venido de entre las almas perfectas. Soy la gran alma de color azafrán. He venido del más allá a voluntad. He venido. He emanado del ojo de Horus... Estoy vestido y completamente provisto de las palabras mágicas de Amón, que están sobre mí en el cielo y debajo de mí en la tierra.

Libro de los Muertos

El joven se adentró en las inhóspitas salas del templo de Amón, el trono del mundo, cruzando entre las columnas gigantes, iluminado por la luz de las lámparas de aceite y tragado por las sombras de trecho en trecho. Sus pasos se oían por todas las estancias, llevados por el eco, anunciando su presencia a los habitantes visibles e invisibles.

Ahora todo era silencio, paz, serenidad. Sus ancestros consiguieron aislar el templo del ruido exterior, creando un mundo dentro de otro mundo, una realidad dentro de otra realidad. Aquí, entre las columnatas y los propileos, sumergido en el aroma de los inciensos y en la musicalidad producida por el movimiento de los tapices y las pequeñas campanillas, movidas por los vientos de Amón, todo era posible.

Durante milenios, la cofradía de magos de Tebas había celebrado en estos santos lugares innumerables ceremonias iniciáticas. Las laberínticas salas se sumergían en la profundidad de la tierra extendiéndose en todas direcciones hasta kilómetros y kilómetros en el desierto. ¡Cuántos misterios y enigmas descansaban bajo las milenarias losas! ¡Cuántos secretos!

Ahora iba al encuentro de uno de ellos. Al encuentro de Amón, el Oculto, y al encuentro de su propio destino. Él, un simple muchacho, uno más entre cientos de discípulos, había sido elegido para salvar a Tebas de la invasión hicsa, para iniciar la limpieza de Egipto, arrojando de su patria las hordas invasoras. Debía concluir el trabajo de su hermano y demostrarle, allí donde estuviese en estos momentos, que los sacerdotes magos no se desentendían del pueblo egipcio, todo lo contrario, que en realidad vivían y morían por él.

De pronto se paró. Llevado por sus pensamientos y caminando instintivamente, había alcanzado un lugar sin salida. Ante él se erguían cuatro muros de imponente majestad, repletos de bajorrelieves pintados primorosamente, que recreaban el mito del desmembramiento de Osiris. En la pared de enfrente se veía el dios Hormakhu, «Horus en el Horizonte», con un dedo sobre los labios, recordando que hay que guardar silencio acerca de los divinos misterios.

Miró a su alrededor y esperó, midiendo el paso del tiempo contando los latidos de su corazón. Entonces oyó una voz que no supo si venía de algún lugar escondido o si sonaba en su propia mente.

–Men-Ka, pon tu mano en la pared de enfrente, encima del disco solar.

Sin titubeos, sin cuestionar la orden, el joven discípulo colocó su mano derecha en el símbolo por excelencia del dios Ra, e inmediatamente una franja de pared se deslizó hacia su izquierda, mostrando una angosta entrada.

–Entra y camina.

El nuevo pasillo, ahora accesible, le obligó a andar inclinado durante unos cuantos metros, y después notó cómo descendía en pendiente hacia estancias más ocultas aún, lugares donde nunca había entrado y de los que no tenía referencias. Aquel era el templo de Amón por excelencia, no uno más, como los que se esparcían por los nomos de Egipto semejantes a estrellas tintineantes sobre un manto infinito. No, esta era la auténtica morada del dios, aquí habitaba y hacía acto de presencia el dios de dioses; pero solo algunos iniciados podían contemplarlo en toda su majestad. Quizá, pensó, ahora él podría hacerlo.

De repente sintió miedo, no miedo a las sombras, a la soledad o a posibles presencias demoníacas ocultas tras la negrura. No, miedo a la majestad del dios. ¿Podría él resistir su presencia? ¿Era digno de ver al Dios en todo su Esplendor? Incluso dudaba de que fuese digno de la misión que su maestro le había encomendado.

–Aleja de ti esos pensamientos –dijo la voz–. Vacía tu mente. Olvida por qué estás aquí, el pasado y el futuro, y ten fe. Los que rigen los destinos de Egipto saben lo que hacen.

Entonces lo entendió, no era él quien iba a luchar contra los invasores, no, no tenía los conocimientos adecuados del Arte de la Guerra, pero tampoco era necesario. Él iba a ser solamente el portador del dios, del espíritu de Amón, la lámpara de aceite que permite que en ella arda la luz divina. Del mismo modo que Amón tomaba posesión de su estatua en la naos del templo, y comunicaba a los sacerdotes iniciados los misterios de la vida y la muerte, ahora iba a ocupar su cuerpo para dirigir personalmente la liberación de Tebas. Sin embargo, aquel acto de magia precisaba de un soberbio acto de fe, algo que no terminaba de conseguir.

Llegó a una estancia envuelta en tinieblas: el *néter*, el lugar habitado por la divinidad, iluminado tan solo por una pequeña lámpara situada a los pies de la estatua del Dios. La cripta era pequeña y las paredes estaban recubiertas de telas rojas que caían desde los techos y que se movían como si hubiese una corriente de aire por algún sitio, o como si Amón directamente las moviera. El viento, suave o ciclónico, era una de las manifestaciones de Amón. Entre él y la lámpara se situaba un monolito cuadrangular y encima reposaba, sobre terciopelo rojo, una máscara de oro. Delante de la máscara se extendía una espada que brillaba por sí sola, como si tuviera vida propia.

De nuevo la voz sonó en su mente aclarándole las dudas.

–Esta es la máscara del dios, fabricada en oro puro, con incrustaciones de lapislázuli y esmeraldas alrededor de los ojos. La llevarás a la vez que el tocado ceremonial del faraón, porque en estos momentos tú tomas posesión de la más alta dignidad del Egipto terrestre. No es conveniente que los hombres vean tu rostro, como no es conveniente que vean el rostro de Amón. Tus actos serán suficiente inspiración para el pueblo egipcio.

Al tiempo que la voz hablaba, Men-Ka permanecía erguido delante de la estatua de Amón, mirando imperturbablemente a sus ojos, dos zafiros que destacaban sobre la fría piedra y que relucían en la oscuridad, como si de verdad tuviese vida propia. Mientras, varios sacerdotes mudos y ciegos salieron de la nada y fueron colocándole el tocado y la máscara, con precisión, con maestría, como si la falta de unos sentidos hubiese desarrollado otros.

–La espada fue forjada con el mineral de una piedra celeste, caída hace milenios, cuando el Sol salía por el Norte. La preparó un monje de la Casa del Oro, trasmutando alquímicamente los metales. Las duras espadas de hierro de los hicsos no podrán con ella, pues además de su indestructibilidad, en su interior late un corazón que acompasará al tuyo, convirtiéndose en parte de tu brazo, de ti mismo, obedeciendo tus pensamientos.

En verdad la espada parecía estar animada, pues, fuera de su vaina, desplegada en el altar con toda su majestad, parecía latir, adquiriendo brillo y oscuridad intermitentemente. Los sacerdotes la cogieron con delicadeza y se la colgaron al cinto.

Y por último te colocarás la armadura de Osiris, la cota de malla mágica decorada con estrellas Sirio, con los pectorales y los protectores de brazos y piernas. Esta armadura la utilizó por última vez el faraón Menes, cuando unificó Egipto siguiendo las órdenes de los dioses. Entonces reposaba en la tumba de Osiris, pues él fue, hace eones, su primer propietario, y la trajo cuando vino desde las lejanas tierras occidentales a fundar Kem.

Los dos sacerdotes, mudos y ciegos, iban colocando los distintos objetos rituales, vistiendo al guerrero, mientras la voz hablaba y los ojos de Men-Ka seguían perdidos en los de

Amón. Por último, cuando el joven estaba vestido ritualmente, semejante a un dios, por detrás de la estatua de Amón se deslizó una serpiente cobra. Esta se arrastró hasta los pies del muchacho y, al llegar a los tobillos, se enroscó en la pierna, subiendo por su cuerpo, hasta colocarse en la cabeza, en lo alto del tocado faraónico. Cuando llegó a este punto se petrificó, y en esa posición se trasmutó en oro.

Por fin el muchacho estaba preparado. Parecía la fiel imagen de un semidiós caminando entre los hombres, de un titán, incluso parecía más alto y corpulento.

–Esta es la serpiente de la Sabiduría, Men-Ka, del Discernimiento, de la Atención, pero también del *Henka*, del poder mágico que el dios te otorga. Ahora eres Amón.

Entonces la voz calló, los sacerdotes se retiraron y la lámpara cesó de emitir luz; en aquella cripta mágica solo se veían los ojos de Amón, y solo se oían las telas acariciar las graníticas paredes. Men-Ka estaba hipnotizado, conectado con el mundo celeste a través de las propiedades mágicas de las piedras preciosas. Se sentía ingrávido, como si flotase.

En ese momento sintió como si una fuerza lo envolviese y penetrara en su mente, en sus músculos, en su corazón. Los sacerdotes desaparecieron y de algún lugar desconocido soplaron poderosos vientos, rodeándolo y metiéndose en su cuerpo. Y entonces sintió el poder, la claridad de mente, los fuertes músculos, el frenesí. Ya no era Men-Ka, no era el enclenque discípulo, era el mismo dios Amón encarnado en el mundo, pero a la vez su conciencia mortal estaba despierta. Eran dos Seres en un mismo cuerpo.

Oyó una voz que decía:

–¡Que tú yo salga al conjuro de la voz, y te haga un ser luminoso! ¡Que tu *ka* pueda combatir a tus enemigos, y tu espíritu,

conocer los caminos que conducen a la puerta de Hebes-Bag, el genio guardián de las puertas del más allá!

De pronto el viento cesó e incluso los ojos del dios apagaron su brillo.

Men-Ka se sentía poderoso, inmortal. Su corazón latía con fuerza y un entusiasmo inusual recorrió todos sus poros. La voz de su maestro era un eco lejano, pero él sabía qué debía hacer.

Salió de la cripta secreta y recorrió de nuevo los pasadizos del templo de Karnak hasta llegar a la sala hipóstila. Ahora su cuerpo emanaba una luz azulada que iluminaba las bellas columnas y las decoradas paredes, pero, además, de todos lados surgían las panteras negras que de noche custodiaban los templos, las que iban siguiéndole preparadas para luchar a su lado en la guerra.

Cruzó bajo los propileos y se dirigió a la avenida de esfinges. Allí un grupo de sacerdotes sujetaban un carro de guerra similar al de los hicsos, pero mucho más bello. Tenía arneses dorados armados de metal, flotaban al viento banderolas colocadas por el cuerpo, y sobre el cuero brillaban discos de oro. Llevaba el carcaj para las flechas y una decena de jabalinas en una aljaba, sujetos ambos a la caja del carro, pero, sobre todo, en lugar de caballos, tenía por montura un par de leones, con las garras forradas en bronce y los dientes en oro. Los animales notaron su presencia e instintivamente le reconocieron como el señor de hombres y bestias.

Subió al carro con la majestad de un dios, mientras contemplaba lo que quedaba del ejército, pues cientos de hombres esperaban en los límites del templo portando antorchas y vitoreándole.

Por encima de todos, el halcón, Ra-Harakthys, planeaba hasta posarse en su hombro derecho. En ese instante el joven cogió las riendas y, sin necesidad de usar la fusta, los leones rugieron, llevando al hijo del dios a la batalla.

X

SECKHMET, LA PODEROSA, LA SEÑORA DE LA GUERRA

> Penetró en los misterios de todos los santuarios; para él no había nada oculto. Cubrió con un velo todo lo que había visto.
>
> *Epitafio de Ptah-Mes*, Louvre

En el templo de Seckhmet, La Poderosa, *en la quinta hora de la Duat*, los sacerdotes se preparaban para la guerra mágica. No estaban en el campo de batalla, no llevaban armaduras ni espadas, y tampoco les hacía falta. Tenían el papiro de Thot, uno de los cuarenta y dos libros de magia del dios de las palabras de poder, y conocían el ritual, ¿qué más necesitaban?

En lo alto de un trono de granito trabajado sobre una roca natural, se sentaba la figura majestuosa y temible de Seckhmet, la diosa de la cabeza de león, la parte maléfica de Isis, la terrible diosa de la guerra, idealización de las fuerzas oscuras que un día camparon por el mundo. No era la primera vez que su sed de sangre diezmaba la raza humana. Su rostro fiero, pero contenido, resultaba estremecedor bajo las luces de las lámparas y los fuegos, que ardían con más potencia al recibir los puñados de incienso. Los hilillos de humo se extendían sobre su figura

y la rodeaban, provocando aún más la sensación de que, esa noche, la diosa cobraba vida.

A sus pies, extendiéndose por la ancha cripta dónde normalmente recibía culto, los sacerdotes de Tebas se afanaban en sus tareas nigrománticas. Dedicados al bien, en esta hora trágica utilizarían el mal sin dudarlo un instante, porque, ¿qué es en sí el mal? ¿No es la cara oscura del bien? ¿No es la noche la que sigue al día? Y día y noche, ¿no son ambas necesarias? ¿No era el mal el caos antes del orden, la otra cara inseparable de la moneda? ¿No era Seth hermano de Osiris? Inquietantes pensamientos. Pero para ellos, curtidos en el aprendizaje de los secretos del cosmos, el mal era la estrategia de los dioses para poner a los hombres a prueba.

En la mente de los sacerdotes no había conflictos, aunque sí reparos. Tanto el uso del mal como del bien producen consecuencias, porque el universo es el reino de la causalidad. Sin embargo, todos sabían que aquel día, aquellas horas nefastas, eran también el reino de la necesidad.

Los más jóvenes no comprendían en realidad qué estaba ocurriendo. Habían escuchado vítores y gritos en las afueras del Templo, habían visto salir al pueblo fuera de las murallas, dispuestos a enfrentarse al invasor hicso, y habían oído el rumor de que el mismo dios Amón les comandaba.

Rumores, quizás deseos imposibles.

Ellos llevaban, en absoluto silencio, los utensilios que pedían sus maestros, y participaban en el gran ritual como peones inconscientes, como dedos que obedecen sin rechistar a manos guiadas por el pensamiento, y el pensamiento era, aquí y ahora, Mereruka.

El mago supremo del clero de Amón estaba en todas partes, controlando los preparativos, dando instrucciones, recordan-

do a todos la importancia del silencio ceremonial y del recogimiento interior. Así que, bajo su cuidado, el grupo de sacerdotes que operaba bajo la mirada felina de Seckhmet, gestaba el milagro de la magia.

En un rincón, tres sacerdotes amasaban arcilla bajo la invocación de Khnum, el dios alfarero. Sus ágiles manos cogían la húmeda masa y la golpeaban contra una piedra dándole ductilidad. Luego, con maestría, proporcionaban forma a pequeñas serpientes, escarabajos, escorpiones, que después de bañarlos en una tinaja llena de sangre de esos mismos animales, eran metidos en pequeñas urnas de barro, que sellaban con un poco de papiro y cera. Cuando llenaban una cesta, un neófito la sacaba del recinto y la colocaba en una carreta que, una vez llena, era llevada por un soldado al campo de batalla.

Mientras realizaban el rito, un monje recitaba una vieja invocación al dios que dio forma al Cosmos:

> Khnum, émulo de Amón,
> dios de los humanos, señor del doble país,
> doble madre de grandes y pequeños;
> doble artesano, dedicado a innumerables obras,
> modelador del mundo,
> modelador de Egipto,
> modelador de tus criaturas,
> ¡Concédenos dar la vida a estas figuras,
> como nos la diste a nosotros,
> pues hemos obrado
> según tu perfección!

En un rincón, otro grupo de sacerdotes trabajaba con cera fabricando pequeños monigotes que parecían imitación de soldados hicsos, con barbas y arcos. Uno les daba forma con

rapidez, otro escribía terribles hechizos en sus espaldas, y otro los colocaba en una gran piedra plana cuadrangular, semejante a un tablero con símbolos mágicos de poder pintados en su superficie. Allí los rociaban con sangre de serpientes, a las que les cortaban la cabeza en ese mismo momento. Cuando el tablero estaba completo, los magos aplastaban las figuras con sus pies desnudos, al tiempo que recitaban frases rituales extraídas del papiro mágico de Thot.

> El fuego sea sobre ti, ¡oh enemigo de Ra!
> El ojo de Horus prevalece sobre tu alma condenada
> y sobre su sombra Apep,
> y la llama del ojo de Horus consumirá
> a todos los enemigos del dios todopoderoso.
> ¡Muerte!, ¡desgracia!, ¡enfermedad!, tanto en la muerte como en la vida.
> Prueba tu muerte Apep, retrocede, arrepiéntete,
> ¡Oh enemigo de Ra, cae, se repudiado, retrocede, retrocede!
> Te he hecho retroceder y te he cortado en pedazos.
> Ra triunfa sobre Apep. Prueba tu muerte Apep.

Esto último lo repetían cuatro veces mirando y honrando cada vez a uno de los dioses de los cuatro puntos cardinales.

Además de ser destruidas con los pies, algunas figuras con hechizos pintados en color verde eran derretidas acercándolas a un fuego de grasa de Khesau, mientas escupían sobre ellas y decían:

> ¡Atrás, enemigo, es tu fin!
> Por lo tanto, te acerco la llama, y, por tanto, te destruyo,

> y, por tanto, te he adjudicado el mal.
> ¡Es tu fin! ¡Es tu fin! ¡Prueba tu muerte!
> ¡Es tu fin! ¡Nunca te volverás a levantar!

Otras figuras eran representaciones de los jefes hicsos con las manos atadas a la espalda, y en esas espaldas de cera, mezclada con excrementos, escribían sus nombres en color verde, extraídos del papiro que la princesa Tany había conseguido. Luego ataban las figuras entre sí con cabellos negros y las tiraban a tierra, pateándolas con el pie izquierdo y machacándolas luego con una piedra. Después arrojaban los restos irreconocibles al fuego mientras recitaban:

> El ojo de Horus, que es poderoso contra sus enemigos,
> te ha visto, y te devora y el gran fuego te muerde,
> el ojo de Ra prevalece sobre ti, la llama te devora
> y quien puede escapar de ella no existe.
> Atrás, porque tu alma será vilipendiada, tú serás rebanado,
> tu nombre será condenado y enterrado en el olvido,
> el silencio se hará sobre ti, y caerás fuera de todo recuerdo.
> Has venido a tu fin, has sido arrojado y has sido olvidado,
> ¡oh tú, Antef, has sido olvidado! ¡Oh tú, Salitis, has sido olvidado!

Y así repitieron la lista de nombres de los mandos hicsos.

Otro grupo de magos realizaba las mismas figuras, pero estas eran colocadas en barcos y canoas situados en una representación del Nilo construido en una maqueta de Tebas. Un sacerdote cerraba los ojos antes de situar los barcos con la tri-

pulación, como si visualizara la situación exacta de sus émulos reales, que en ese momento llegaban navegando por el Nilo.

Entonces, una vez instaladas, los sacerdotes soplaban sobre las miniaturas y golpeaban el suelo para mover el agua, originando ondas que debían producir, en el mundo real, olas destructoras; golpeaban incluso las velas y puentes con un palo, para producir los mismos daños en las auténticas barcas.

Más allá, otro grupo de monjes movía el contenido de un gran caldero, donde arrojaban arcilla, cera y restos de animales, al tiempo que recitaban palabras de poder:

> ¡El mundo surgió del caos primordial!
> De la materia caótica surgió la vida.
> ¡Oh Thot!, el poseedor de las palabras de poder,
> permite que de nuevo la masa amorfa cobre vida
> haz que ella destruya a nuestros enemigos.
> ¡Poder! ¡Virtud! ¡Vida!

Luego volcaban el contenido en tinajas tan grandes como hombres, que eran cargadas en carros por fornidos soldados y llevadas a la guerra.

Mereruka vigilaba los distintos ritos, ayudaba en unos y otros, asegurándose de que todo se realizaba correctamente. «Incluso el mal hay que hacerlo bien», pensaba. «Ya que lo hemos empezado nosotros, que seamos nosotros quienes lo acabemos». Pero para eso había que ser muy cuidadoso, no fuese que las fuerzas oscuras se volvieran contra ellos.

Alrededor de su presencia, los sacerdotes cumplían estrictas ceremonias, creadas por el dios de la magia, el tres veces gran Thot, para producir terribles efectos, pero cada rito era, en realidad, como una máquina, un conjunto de engranajes que, bien situados, producían terribles efectos. Lo que no todos podían

ver, pero sí Mereruka, el *maakheru*, el «justificado», era que la cripta de Seckhmet estab dios luchaba con ellos; y no únicamente a llena de seres invisibles, horrendas formas demoníacas convocadas con los conjuros, esclavas del rito, dispuestas a realizar de verdad lo que para un monje era algo tan sencillo, incluso risible, como pisotear una figura de cera. Desde aquel antro infernal se estaban enviando diabólicos heraldos al campo de batalla.

Al pensar esto, Mereruka miró a la estatua de Seckhmet, despiadada enemiga a la que había que intentar saciar para no ser devorados por ella. Era la maestra en magia, la hechicera, la señora del inframundo, jefa de aquel ejército de condenados demonios. Pero aquello no era nada, un simple entretenimiento comparado con lo que se preparaba en las criptas subterráneas, donde dieciséis jóvenes voluntarios se acomodaban para la transformación. Aquellos sí eran valientes, pues iban a realizar un rito que no se había vuelto a usar desde hacía milenios, cuando Hiranyâksha, el Emperador del Sol de Medianoche, invadió la Ciudad de las Puertas de Oro con sus ejércitos de demonios, en la ya olvidada Atlántida. Un rito que recobraría el poder interno del hombre, canalizado hacia su parte inferior, despertando al animal dormido, la bestia que anida dentro de cada ser humano y que solo milenios de evolución habían conseguido, en unos más que en otros, acallar. El momento para la transformación estaba cerca.

Y más abajo, en un antro tan profundo como alta era la gran pirámide, dos monjes rompían los sellos del lugar donde una entidad más diabólica que Seckhmet dormitaba en un Sueño de Milenios. «Sí, hoy estamos abriendo las puertas del inframundo, Tebas es hoy un portal entre el mundo visible e invisible, entre lo real y lo irreal, entre el oscuro pasado de nuestros

orígenes y el futuro esperanzador. Hoy todo es posible», pensaba Mereruka.

Y mientras esto ocurría, ¿dónde estaba Men-Ka, el hijo de Amón, convertido en su heraldo en la tierra?

XI

KHER-AHA, LA LLANURA DE LA BATALLA

Está mi corazón contento porque hice ver a Salitis la hora de la desdicha del príncipe Retenu, débil de brazos, que ignora el valor de su corazón... ¡Estás perdido...! Y tu corazón está hecho pedazos, ¡miserable asiático!

En las afueras de Tebas, en la llanura de Kher-Aha, donde Horus derrotó a Seth en un tiempo mítico, se libraba una singular batalla. Las tropas egipcias, inferiores en número, practicaban la vieja estrategia de simular la huida, corriendo delante de las monturas hicsas, para así atraerlas hasta sus compañeros que, pertrechados con arcos, lanzaban poderosas andanadas de flechas infectadas con veneno para, no solo matar, sino también procurar una lenta y dolorosa muerte.

Por doquier los hombres, desesperados, luchaban con valentía utilizando las armas y las tácticas de la guerra. Pero eso no era todo, porque si lo fuese, estarían perdidos ante el poderío hicso. No, en medio de los combatientes, las panteras y leones que custodiaban los templos de noche y de día se lanzaban sanguinarios y ágiles sobre los invasores, destrozándolos al instante.

Era de una belleza cruel contemplar aquellas bestias caminando, corriendo o saltando en aquel marco caótico de la batalla; sus pieles reluciendo bajo la luz de los incendios, sus músculos tensos lanzando zarpazos exterminadores, sus ojos relampagueantes clavados en los infelices que morían bajo sus dentelladas mortíferas.

Al límite del campo de batalla llegaban los carros cargados de tinajas traídas del templo de Seckhmet y los mismos monjes las tiraban al suelo rompiéndolas y dejando escapar su contenido. Luego levantaban sus bastones y tocaban la amorfa masa producida por el Ritual de Thot, recitando las frases mágicas:

> ¡El mundo surgió del caos primordial!
> De la materia caótica surgió la vida.
> ¡Oh Thot!, el poseedor de las palabras de poder,
> permite que de nuevo la masa amorfa cobre vida,
> haz que ella destruya a nuestros enemigos.
> ¡Poder! ¡Virtud! ¡Vida!

Entonces, ante los asombrados ojos de los soldados, la materia muerta renacía, adquiriendo forma de serpientes, escorpiones y ratas, que corrieron o se arrastraron presurosas buscando a los hicsos. Mordían sus tobillos o los picaban con infectados venenos, se enroscaban en sus piernas, subían por los brazos y abatían sin piedad las hordas bárbaras. Tinaja tras tinaja, una ola de animales inferiores se propagaba por el campo de batalla.

En otro lugar, los onderos cogían las pequeñas vasijas de barro selladas con papiro, y las lanzaban con toda su fuerza contra los enemigos. Al caer se hacían añicos y de su interior salían pequeños áspides y monstruos que antes eran barro, y que se abalanzaban sobre los hicsos como una lluvia letal.

El rey Salitis, sentado en un trono en la parte alta del valle, rodeado de sus mandos, estaba desconcertado. El ejército de Tebas era una cuarta parte del suyo, sin oficiales, sin líderes, y, aun así, resistía heroicamente hora tras hora. Aquella era la noche más oscura de su vida. De pronto sus generales se retorcieron con terribles muecas de dolor, uno a uno, cayendo al suelo, como si rayos invisibles se precipitaran sobre sus espaldas. Se levantó para socorrer al más cercano, pero al ver cómo su cuerpo ardía misteriosamente, se apartó aterrado. «¡Por Seth, por todos los dioses!, ¿¡qué está ocurriendo!?», gritaba. Veía la invasión de seres infernales y a sus mejores hombres sucumbir. Aquello era, seguramente, obra de los magos. «Malditos, debí haberlos matado a todos cuando tuve ocasión», pensaba recriminándose a sí mismo. Se estaban cobrando más vidas que las espadas. Pero aún más que eso, el miedo empezaba a anidar en los corazones de sus hombres, sobre todo entre los que habían sobrevivido u oído lo pasado en el templo de Amón.

Estaba ansioso, contemplando la destrucción que le rodeaba. ¿Dónde estaban los refuerzos que venían navegando por el Nilo? ¿Y las tropas aliadas nubias, con las que, pensaba, la victoria se pondría a su favor?

Pero las naves hicsas, que se deslizaban sinuosas entre las curvas del Nilo, estaban siendo atacadas. Un viento tempestuoso se desplegaba bajo la noche limpia de nubes, y zarandeaba las embarcaciones bruscamente, amenazando con hundirlas sin misericordia. Al tiempo que los magos soplaban y golpeaban las miniaturas de las barcas en el templo de Seckhmet, estas se retorcían encima de las aguas, inclinándose peligrosamente, hasta el punto de que algunas se hundieron. El antes pacífico Nilo era ahora un mar embravecido que producía terribles olas que chocaban contra los cascos, que caían sobre los puen-

tes de los frágiles barcos, no preparados para eventualidades tan terribles. Por si fuera poco, en las dos orillas, varios sacerdotes dejaban caer al agua pequeñas figuras de cera semejantes a serpientes y cocodrilos, repitiendo las frases mágicas:

> ¡El ojo de Horus prevalece sobre tu alma condenada!
> y sobre su sombra Apep,
> y la llama del Ojo de Horus consumirá
> a todos los enemigos del dios todopoderoso,
> ¡muerte!, ¡desgracia!, ¡enfermedad!,
> ¡tanto en la muerte como en la vida!

Al contacto con el húmedo elemento, las efigies de cera cobraban vida y se dirigían hacia los barcos con sinuosos movimientos. Cuando llegaban hasta los supervivientes del naufragio, los mataban.

¡Que esperase el rey Salitis a sus soldados, porque estos jamás llegarían vivos!

Sí, todo Egipto estaba luchando por la liberación.

En medio de aquel caos, enzarzado en su propia lucha sin cuartel, el hijo de Amón recorría con su carro de guerra fabricado en oro el campo de batalla, con las riendas atadas al cinto y abatiendo a los hicsos con certeras flechas, con lanzas que luego recogía de los cuerpos sin vida, y con el filo de su espada mágica, que parecía brillar más cuanta más sangre derramaba.

Los cadáveres se amontonaban a su paso, mientras su cota de malla con estrellas, que parecían relucir en la noche, absorbía la sangre que la salpicaba con pasión. Ya no era un hombre, era un dios entre hombres, el heraldo de Amón, el más oculto de los dioses, el más misterioso, el que, sin embargo, cubría con

su manto protector el Alto y Bajo Egipto, pues fue su creador cuando la primera colina primordial salió de Nut.

Las flechas enemigas se desviaban, las espadas perdían fuerza al llegar a su armadura *osiríaca*, y a su paso, el terror más que la muerte petrificaba a los soldados hicsos, mientras se quedaban hipnotizados contemplando la reluciente máscara de oro y los ojos de fuego que asomaban por sus hendiduras rodeadas de piedras preciosas.

Su pueblo lo seguía fervoroso, imbuido de un entusiasmo divino, amparados en su poder, usando la fuerza que emanaba desde su carro de guerra como estímulo para sus propias escaramuzas. Creían que era Kamose elevado a la máxima categoría. Pensaban que en verdad un dios luchaba con ellos; y no únicamente luchaba «con» ellos, luchaba «por» ellos; las oraciones hechas realidad.

La victoria parecía estar al alcance de la mano. Los mandos hicsos habían sucumbido bajo la magia nigromante y los diferentes hechizos surtían efecto: iban a ganar la batalla.

Pero entonces algo decisivo cambió el curso de la contienda. El rey nubio Paheru del Kab, el que se había vendido ante las exigencias del invasor, llegaba en ese momento con unidades de tropas Medyau de la Baja Nubia. Miles de hombres, delgados, tan oscuros como la noche, tan mortíferos como los hicsos y menos temerosos de la magia egipcia.

El rey Salitis sonrió malévolamente desde su puesto de mando, al ver cómo las tropas nubias se incorporaban a la batalla, al tiempo que los tebanos retrocedían. Eran tan numerosos, que ni las bestias salvajes ni los animales inferiores podían detenerlos.

Arrojaron sus lanzas emponzoñadas con venenos mortíferos, y numerosas panteras y leones cayeron, aunque solo les

produjeran un mínimo roce. Sus pies descalzos, endurecidos por el calor del desierto del sur, marcharon sobre la alfombra de serpientes y escorpiones, machacándolos. No solo parecía que el ejército tebano era derrotado, sino que la magia tebana sufría la misma suerte.

Men-Ka detuvo el combate al ver a sus hombres retroceder, analizando la situación. Por el norte, este y oeste, los nubios lo tenían rodeado, dejando tan solo la retaguardia como única salida, vergonzosa salida que lo recluiría en Tebas.

El joven, aunque poseído por el dios, era consciente de todo lo que ocurría. ¿Era posible que, aun con la ayuda de los dioses y la magia, Egipto fracasara? Veía los rostros humillados de sus compatriotas y no lo entendía.

Por un instante bajó la espada y dejó de luchar, mientras los invasores se acercaban cada vez más. Miró de nuevo a su alrededor, el suelo estaba tapizado de cadáveres y, dejados caer vergonzosamente, los estandartes de los cuadros de Ptah, Amón, Ra y Sutekh yacían en el suelo, como símbolo de la caída del espíritu de victoria tebano. Entonces recordó a su hermano Uadjkre, y lo visualizó muriendo mientras cogía la mano de la princesa Tany. Una ola de rencor recorrió todo su cuerpo, tensando sus músculos a su paso, inyectando fuego en su sangre, inflamando su corazón hasta que, sin poder contener el furor divino, con un grito de guerra en los labios se lanzó solo contra la horda nubia e hicsa.

El halcón escuchó el desgarrador grito y la orden mental que el hijo de Amón le mandaba y, volando vertiginosamente, cogió uno a uno los estandartes y los colocó en el carro de guerra. Men-Ka apretó con fuerza la espada de Osiris en una mano y en la otra blandió una lanza, arremetiendo con todo el vigor de un dios.

Ver para creer. Había que contemplar aquella escena heroica para reconocer que de verdad existían los dioses, que de verdad era posible extraer del corazón humano el sublime entusiasmo que lo puede convertir en un semidiós.

El joven instigaba a los leones para que tirasen del carro con todas sus fuerzas, mientras las ruedas de oro saltaban sobre los cadáveres amontonados en el suelo como una alfombra escarlata. Con la espada en alto y el grito de guerra aún en sus labios, rompió contra la línea enemiga, que sintió como si un alud de las montañas nevadas donde nace el Nilo cayese sobre ella.

Muerte, destrucción, furor, ira. Los leones devoraban las tripas de los nubios que intentaban sin éxito derribarlos, mientas el Hijo de Amón daba de comer a su espada mágica, que bebía la sangre sin saciarse nunca, como el alma de un espectro.

Aquel acto heroico fue como una explosión en los débiles corazones de los egipcios, que daban por perdida la batalla y, recobrando el ánimo, cogieron sus pobres armas y se lanzaron a la carrera para luchar con su dios. Con ellos iba el halcón sagrado, Horus, chillando en lo alto, sobrevolando la llanura de Kher-Aha, despertando las conciencias dormidas, las almas de los antepasados que murieron allí mismo en edades pretéritas.

El estupor invadió a los bárbaros antes de que pudieran darse cuenta, y no reaccionaron a tiempo para enfrentar la embestida de aquel ser divino, ni la carga egipcia. Pero duró poco, su mente estrecha no se dejó intimidar, y después de una primera reacción confusa, se reagruparon y arremetieron contra el hijo de Amón, consiguiendo, incluso, derribarlo de su carro de guerra.

Ni hombre ni dios vio nunca una lucha como aquella, un hombre solo contra cientos, o un dios, una insignificante roca en un mar embravecido. Hundido hasta las rodillas entre

cuerpos sin vida, desplegaba su exterminadora arma como si fuese un huracán, arrasando como una tormenta de arena lo que se ponía en el círculo que controlaba su brazo, ayudado tan solo por el halcón, que clavaba sus garras sobre las cabezas enemigas.

A punto estaba de sucumbir, cuando todos contemplaron el sortilegio. El cielo se cubrió de nubes y la luna desapareció tras ellas. La negrura más absoluta invadió la escena, y un viento gélido empezó a soplar y filtrarse entre los hombres, instalándose en los corazones. Era, de nuevo, el viento de Amón, el-que-mueve-los-abanicos.

En ese momento, en los subterráneos del templo de Seckhmet, Mereruka, consciente de la situación, dio la orden de descorrer los cerrojos que encerraban la penúltima arma secreta del mago, los dieciséis jóvenes transformados en criaturas monstruosas.

El neófito encargado de cumplir la orden abrió tiritando la pesada puerta y, en el mismo instante que el cielo se cubría de nubes, las antorchas y las lámparas de la cripta se apagaron. Todos sabían lo que iba a ocurrir, todos conocían el terrible secreto que liberaban, pero, aun así, o por eso mismo, no pudieron evitar que se les erizara el pelo y se les encogiera el corazón al oír los guturales sonidos que salían de las gargantas de aquellos seres que, en algún momento, fueron humanos.

La horda de demonios salió del templo de Seckhmet, subiendo atropelladamente las escaleras y rompiendo todo lo que se interponía en su camino. Emergieron al exterior y se dirigieron, con instinto asesino, al campo de batalla. Tras ellos, el ente que dormitaba en el lugar más profundo, también fue liberado y, a su paso, los monjes que no conocían la fórmula sagrada que los podría haber protegido, murieron.

Nadie esperaba lo que iba a ocurrir y menos Salitis, el rey hicso. La sonrisa que momentos antes esbozara al ver a los nubios, y el cambio de rumbo en la batalla, ahora se helaba en su rostro y se transformaba en una mueca de confusión y sorpresa. Mientras el divino hijo de Amón diezmaba las tropas nubias y los exiguos soldados tebanos recobraban el ánimo volviendo a la carga, una turba de demonios invadía la llanura de Kher-Aha; algo difícil de describir.

Reinaba la oscuridad más absoluta, y en sus entresijos se revolvían aquellas formas indefinidas. Parecían humanos y, de hecho, alguna vez lo fueron. Habían sido discípulos del templo de Amón, pero ahora, bajo la invocación nigromántica de los libros de Thot, su naturaleza animal despertaba, la bestia interna que millones de años de evolución habían conseguido sojuzgar y constreñir en el interior del hombre. Ahora, gracias a la magia negra, salía a flote con toda su maléfica fuerza.

Los cuerpos cubiertos de un pelo encrespado, recorrieron la corta distancia que los separaba de los invasores, corriendo a cuatro patas, como lobos hambrientos, y al caer sobre los petrificados hicsos y nubios desplegaban sus manos convertidas en garras, y mordían salvajemente con sus bocas en las que destacaban terribles colmillos. Su pestilente aliento acallaba los gritos de los desdichados soldados, convirtiéndolos en los gorgoteos inteligibles de los que ya se habían vuelto locos.

Pero aquella primera embestida no era lo peor, ni siquiera su saña al desgarrar o morder, ni su aspecto simiesco medio hombre medio lobo; eso era lo de menos. Lo peor era su instinto asesino, su sed de sangre, la avaricia con la que destrozaban gargantas y destripaban los pechos arrancando y comiéndose las vísceras y los corazones. El clan demoníaco cayó como una maldición sobre el ejército invasor y, tras horas de sangrienta

batalla, los que no huyeron murieron de la forma más horrible que se pudiera imaginar, o se convirtieron, directamente, en desequilibradas parodias de seres humanos.

Pero algo más terrible recorría el bosque de lanzas y espadas caídas, como una sombra entre sombras, buscando supervivientes, acercándose a los que todavía podían respirar. Era el «Ente», el devorador de almas, que aun siendo intangible, se colocaba delante de los moribundos y, mirándolos a los ojos, permitía que a través de los suyos viesen el infierno. Un abismo insondable se abría para las almas indefensas, contemplando el caos más absoluto, donde las almas se perdían sin remisión, y que ni el mismo Anubis –el señor de los muertos y del camino al más allá–, podía recuperar. A su paso se escuchaban los gritos más desgarradores que nadie hubiese escuchado en su vida.

Después de horas de oscuridad y horror, en las que los mismos tebanos temblaban como niños asustados, la batalla concluyó; estaba ganada. Las razas demoníacas, sin más víctimas para saciar su apetito de sangre, empezaron a luchar unas con otras, hasta que se exterminaron mutuamente. Sabían, en su sumergida conciencia de discípulos, que no había vuelta atrás en la transformación; pese a sus rasgos animalescos, una chispa de inteligencia les recordaba por qué habían hecho tal sacrificio. Y el Ente, el devorador de almas, volvió a su cripta secreta en las profundidades de la tierra, conjurado de nuevo por Mereruka con los himnos del libro de Thot.

En la montaña oriental empezó a vislumbrarse la aureola del disco solar y las nubes desaparecieron, dejando un cielo límpido que iba tornándose azul celeste. Men-Ka, bañado en sangre, envainó la espada, que había dejado de latir. El joven contempló la matanza, los cuerpos sin vida de amigos y enemigos, y vislumbró entre los destellos solares las formas intangi-

bles que venían a llevarse las almas, cientos de seres invisibles que se movían por la llanura, ahora señores de todo, unos bebiendo los efluvios de la sangre fresca y otros partiendo con las almas al Amenti. Ángeles o demonios, todos formaban parte del mismo cortejo fúnebre.

El rey Salitis había huido y con él muchos de sus soldados, pero aún quedaba un numeroso grupo de prisioneros, que los mismos sacerdotes habían tenido que proteger de los Seres Infernales. Pese a su sed de venganza, Men-Ka decidió perdonarles y, ordenando que los atasen en burros montados al revés, golpeó a las bestias para que recorriesen el camino de Avaris, en el Delta, mostrando el futuro que esperaba a los que habían intentado derrocar el trono de Egipto. Simbólicamente, el burro era el animal totémico de Seth.

Los tebanos supervivientes se arremolinaron a su alrededor vitoreándole e inclinándose ante su majestad, y en su ignorancia lo volvieron a llamar Kamose, pues desconocían quién estaba realmente bajo la máscara. Men-Ka sabía que no era conveniente desvelar el secreto. Además, no era la victoria final, sino una escaramuza, y el faraón Kamose, cuando sanase las heridas, debía continuar la lucha hasta expulsar a los Hicsos definitivamente de Egipto. Tampoco era una victoria suya, sino del dios Amón, y posiblemente era mejor para el pueblo seguir con la confusión.

El joven no añoraba ningún triunfo, ni tampoco venganza. Contemplaba tras la máscara de oro a aquellos hombres orgullosos de haber vencido, y se alegraba por ellos; tendrían historias para contar a sus nietos, y un calor en el corazón que duraría decenios. Pero él, sin embargo, notaba que su alma estaba vacía –ni siquiera triste–, y su corazón destrozado. La

matanza había resultado terrible y necesitaría años, si no vidas, para purificarse.

Se acercó a los leones que conducían el carro, ya destrozado, y acarició sus lomos y cabezas; las fieles bestias habían luchado bien y muchas muerto con honor, defendiendo con su propia vida al heraldo del dios.

Luego dejó el campo de batalla, mientras los soldados lo aclamaban, y volvió al templo de Amón a lomos de un caballo que Mereruka le había enviado. Allí bajó de la montura y, lentamente, mientras se adentraba en las salas milenarias, se fue quitando los objetos sagrados, que los monjes ciegos iban recogiendo para limpiarlos y llevarlos a su lugar de descanso. Cuando quedó totalmente desnudo, caminó hasta el lago sagrado y se lanzó a sus aguas, intentando limpiarse de tanta sangre.

Mientras esto hacía Men-Ka, Mereruka, en el templo de Seckhmet, daba orden de que se recogieran todos los objetos usados en el ritual nigromante y se quemaran. Él mismo cogió el papiro de Thot, volvió a enrollarlo y le colocó el sello. Luego descendió a una cripta situada debajo de la estatua del dios de la magia y las palabras de poder, Thot, en su capilla, y lo depositó en un cofre de hierro, que cerró con siete candados. Nada más hacer esto, una serpiente de oro de dos cabezas surgió de la nada y se enrolló en la tapa, formando el signo del infinito. Luego, se quedó quieta como si estuviese petrificada. Después, el sacerdote fue a purificarse, aunque sabía, como Men-Ka, que eso era imposible.

En el templo de Seckhmet, la terrible expresión de la diosa de la guerra parecía esbozar una lúgubre sonrisa.

Que los muertos se regocijen entonces, y que los vivos se levanten para contemplar su luz, ya que del seno de los infiernos, el sol se ha convertido en Khepir, el nuevo dios nacido de sí mismo después de tantas tribulaciones y metamorfosis en las doce regiones del Am-Duat, donde a veces se oyen brotar los rumores cuando se tranquilizan los ruidos que hacen los hombres...

Libro de los Muertos

XII

EL JUICIO DE LOS MUERTOS

> ¡Mi corazón, mi madre; mi corazón, mi madre! ¡Dónde sea que esté mi corazón renaceré! ¡Que nadie se me oponga en el juicio; que no tenga oposición ante los príncipes soberanos; que no se tome parte de ti desde mí en presencia de los que guardan la Balanza!... No dejéis que se levante falsedad alguna en mi contra delante del gran dios, el señor de Amentet. Eres verdaderamente grande cuando te levantas en triunfo.
>
> *Libro de los Muertos*

Las aguas volvían lentamente a su cauce, como el milenario Nilo después de la inundación, como la calma después de la tempestad.

El faraón Kamose, el «toro-de-su-madre», se reponía de su mortífera herida cuidado por los médicos de Thot, asumiendo, por consejo de Mereruka, los honores que el pueblo le atribuía, a sabiendas de que aquel fervor le ayudaría en sus campañas futuras.

Él sabía que eran los magos quienes habían conseguido preservar Tebas. Pero aún había que liberar el Alto y el Bajo Egipto, el Delta, donde Salitis lamía sus heridas intentando asimilar la extraña batalla en la que había participado.

Kamose había prometido ante la corte y los dioses que no descansaría hasta unificar Egipto, y que, una vez expulsados los hicsos, borraría sus nombres de las estelas de los templos y palacios, e incluso levantaría los suelos por donde sus sucios pies hubieran pasado. Olvido, eso quería conseguir, olvido, que nadie en el futuro pudiese recordar época tan nefasta en el país de los dos reinos.

El luto aún cubriría durante mucho tiempo a las familias, pues en todas había muerto un padre, un hijo o un hermano, incluso mujeres valientes que no quisieron estar sentadas esperando el resultado de la batalla, y que, emulando a sus compañeros en heroísmo y valor, habían luchado codo con codo contra los hicsos.

Toda Tebas era una ceremonia fúnebre.

En los templos, los monjes practicaban ceremonias de purificación. Se lavaban varias veces al día, practicaban ayunos y encendían por todos los rincones pebeteros de crisolita con incienso, mirra y *kyphi*, colocando vasijas con perfumes, limpiando los rincones para eliminar cualquier demonio que quisiera quedarse en su mundo, agazapado en la oscuridad.

Mereruka permaneció inalterable, trabajando incansablemente hasta el punto de que parecía estar en varios lugares a la vez. Aconsejaba a Kamose, participaba en las liturgias del templo, ayudaba a los médicos curando a los numerosos heridos, o consolaba a las almas que rozaban la locura después de lo que habían visto. Su bondad era un manto protector que a todos cubría.

Pero en realidad, no podía engañarse a sí mismo, aquello era como una huida, como si temiera a un dios vengativo y creyera que con tanto movimiento lo evitaría, o para acallar su charlatana conciencia; pero él sabía que tarde o temprano sufriría

las consecuencias de sus actos, por más que estos estaban dirigidos a salvaguardar Egipto.

* * *

Men-Ka dormía, dormía un largo sueño que ya abarcaba tres días. Estaba encerrado en una habitación secreta, donde los sacerdotes mudos y ciegos curaban sus profundas heridas, pues, si bien había encarnado al dios Amón en la tierra y su poder, su cuerpo era el de un débil y enclenque joven, y en la batalla había recibido muchos golpes y magulladuras.

Su sueño era tranquillo, sereno, como si los dioses hubiesen apartado de él todos los recuerdos, utilizando el olvido como una cura milagrosa, alejando su alma del mundo terrestre.

Al cuarto día despertó, y en sus labios el primer nombre que surgió fue el de su hermano.

–Uadjkre, ¿dónde estás? No te veo.

Mereruka estaba presente.

–Hola, Men-Ka, no soy tu hermano, pero estoy aquí contigo. A él, de momento, no podrás verle, hasta que tú viajes al mundo de los dioses donde reposa.

Men-Ka reconoció la voz de su Maestro.

–Señor, ¿ya pasó todo? Estoy confuso, no sé si he tenido un mal sueño o lo que atormenta mi alma es algo que ocurrió de verdad.

–Tu estado es débil, hijo, el dios poseyó tu cuerpo, y a través de ti guió la batalla. Aunque he de reconocer –sonrió–, que le ayudaste bastante.

Men-Ka se incorporó en el lecho y se sentó en un lado masajeándose la cabeza. Todos sus recuerdos eran borrosos.

–Descansa un poco más, si lo deseas, Men-Ka, pero ven a verme cuando estés listo, pues hoy celebraremos el juicio de los muertos por tu hermano. El rey Kamose y yo hemos creí-

do que merece ser momificado con la misma dignidad de un Faraón.

–Gracias Maestro, estoy preparado, déjame solo un momento para vestirme.

Mereruka salió dejando a su discípulo, y este, ayudado todavía por los monjes servidores de Amón, se purificó, lavándose minuciosamente y untándose después con resinas y perfumes. Luego se colocó una túnica larga de lino blanco y, caminando con cautela, salió al encuentro del maestro.

A la hora señalada por el rito, la caída de la tarde, cuando el sol, Amón-Ra, se disponía a viajar por el inframundo, llegaron maestro y discípulo al muelle de Tebas. Allí estaba Kamose con otros dignatarios egipcios, vestidos con sus mejores galas y esperando a Men-Ka para que hiciese los honores.

En una barca pequeña estaba el sarcófago con el cuerpo de su hermano momificado. Era una caja fabricada con madera perfumada del Líbano, con forma humana y ricamente decorada con todo tipo de piedras preciosas, oro y plata, en cuya tapa estaba dibujada la imagen de la diosa Nut con los brazos cruzados. En las cuatro esquinas estaban las efigies de los cuatro hijos de Horus, y a su lado cuatro antorchas. Pequeños platillos de pasta de cerámica azul exhalaban perfumes embriagadores, y dos monjes esperaban a ambos lados a que Men-Ka se acercara.

El joven bajó los pequeños peldaños de madera y se colocó al lado de la parte superior del sarcófago. Los monjes oficiantes levantaron la tapa y dejaron al descubierto la momia de su hermano Uadjkre.

Sintió la emoción subir desde su corazón y ahogársele en la garganta, impidiéndole respirar; pero se controló. No había motivo para apenarse ni llorar. «La muerte no existe, es lo que

la noche al día, un periodo de descanso. Mañana, mañana nos volveremos a encontrar», se repetía.

Sacó entonces de entre sus ropas un escarabajo alado de alabastro pintado de negro esquisto, y lo depositó en las vendas a la altura del corazón.

–Ve hermano, vuela con el sol, pues tu alma es un germen de luz.

Miró instintivamente el cielo y aún pudo captar el último destello de Ra. Entonces cerró los ojos y levantó las manos cruzándolas sobre el pecho, mientras recitaba unas palabras de poder, y al instante, cuatro chacales aparecieron alrededor del sarcófago, cuatro chacales invisibles para los no iniciados, que flotaban en el aire y que protegerían el cuerpo y el *ka* de su hermano hasta llegar a la tumba, para que ningún demonio pudiese arrebatárselo.

Después dejó que una sola lágrima cayese de su ojo derecho, como en el Ojo de Horus, el *Oudjat*, y se retiró pensando: «El hombre nació de una lágrima de los ojos del creador».

El rey dio la orden y el barco largó amarras, cruzando el Nilo, iluminando las tranquilas aguas con las antorchas, creando una escena llena de poesía. En el otro lado, en la orilla Occidental, otros sacerdotes cargarían con el féretro y lo llevarían al lugar de su reposo eterno.

Men-Ka miró cómo el barco se alejaba rodeado del humo del incienso y, agachando la cabeza, se fijó en el agua y en las pequeñas olas que llegaban a la orilla. Se inclinó y la removió, cogiendo luego un puñado que se escurrió entre sus dedos. Y recitó un poema:

Así es el tiempo, escurridizo, y el tiempo de cada ser
está integrado en el tiempo eterno.

Luego se dirigió hacia el lugar donde estaban el rey Kamose y su maestro; se inclinó ante ellos en señal de respeto y, sin decir palabra, se fue.

Caminó muy lentamente hasta el templo de Amón, como si fuese el último paseo de su vida, hasta acceder a una pequeña puerta lateral que presentaba, en la parte baja del arquitrabe, como en la mayoría de las puertas de los templos, el disco solar alado, símbolo del discípulo, del aprendiz. Men-Ka se dijo mentalmente: «Eso somos todos los hombres». Luego cruzó el umbral y se lo tragaron las sombras. Se internó en el templo, desapareciendo a los ojos de los hombres.

EPÍLOGO

> Yo soy el Loto puro que emerge de los luminosos...
> Yo llevo los mensajes de Horus. Yo soy el Loto puro
> que viene de los campos del sol.
>
> *Libro de los Muertos*

Pasaron los años. Todo había cambiado, pero todo seguía igual.

El templo de Karnak se erguía ante el mundo, proclamando con su majestuosidad la existencia de un mundo más allá del terrenal, un mundo inmenso y elevado, tanto al menos como sus gigantescas columnas papiriformes.

A su lado seguía, inmutable como el abismo primordial, el lago sagrado sobre el cual surge el aliento oculto de *Knap*, y al borde del agua, un joven volvía a intentar, una vez más, la prueba del Loto, que aún no conseguía dominar.

Pese a su esfuerzo continuado, aquella simple prueba seguía resistiéndosele, y ya era la enésima vez en aquel día que su cuerpo chocaba contra el muro. Había conseguido desdoblar su *ka* y entrar en la cámara del caos, pero todavía no había conseguido coger el Loto y ponerlo a los pies del maestro.

El joven, resignado, se animó y fue a intentarlo una vez más. Miró de reojo a su maestro, que ni siquiera le prestaba atención, y tomó aire antes de sumergirse en las turbias aguas del embalse. Descendió los peldaños de piedra y se situó delante

del muro. Repitió los ejercicios mentales que sabía y consiguió atravesarlo, viéndose a sí mismo flotando en el abismo, en cuyas profundidades dormitaba Osiris, y de cuyo corazón surgía la columna de pórfido de la que manaba una fuente cristalina, en cuyo centro descansaba un hermoso loto blanco.

Lo cogió, como ya hiciera tiempo atrás, y se dispuso a atravesar de nuevo la pared llevando el preciado tesoro. Se colocó enfrente, notando cómo su cuerpo en el exterior estaba a punto de claudicar por la falta de aire y, entonces, con un acto de decisión, cruzó la pared y el loto con él. Lo había conseguido, al fin lo había conseguido.

El joven estaba eufórico. Emocionado subió apresuradamente a la superficie y salió fuera del estanque. Allí estaba su maestro, impertérrito, leyendo un pergamino, ajeno, aparentemente, a lo que sucedía a su alrededor.

El discípulo se colocó ante él, y en la postura del escarabajo depositó a sus pies el loto blanco. Así estuvo unos minutos. Luego habló.

–Señor, lo he conseguido. Al fin he podido coger el loto. He superado la prueba.

El maestro contestó.

–Ya te lo dije, joven discípulo, era cuestión de fe. No ha sido tan duro, otros antes que tú lo consiguieron y otros lo harán en el futuro. Te felicito. Ahora puedes descansar.

El monje se levantó y cogió sus ropas. Y antes de irse dio media vuelta y se despidió.

–Adiós Men-Ka, Maestro, gracias por tu ayuda. Espero estar a la altura de los magos de Tebas.

Men-Ka lo miró con ternura y solo le contestó.

–Lo estás, hijo, lo estás, no es tan difícil. Hasta yo he podido ser un mago de Tebas.

Yo soy en verdad este hijo de «aquel-que-ha-puesto-todo-en-el-mundo»;
yo soy el protector de lo que ordena el señor único.
Yo soy aquel que hace vivir la Enéada.
Yo soy uno que, todas las veces que lo desea, crea...
Haced silencio delante de mí, inclinaos delante de mí.
He venido calzado, ¡oh, toros del cielo!
Arrodillaos delante de mí, toros de Nut,
por la gran dignidad que poseo de señor de los Kau,
heredero de Ra-Atum.
He venido a tomar posesión de mi trono y asumir mis dignidades.
Todo me pertenecía cuando aún no existíais todavía, dioses; descender.
¡Oh vosotros que habéis venido después de mí! ¡Yo soy Heka!

Textos de los Sarcófagos. Invocación n.º 261

ÍNDICE

EDITORIAL
DAGÓN